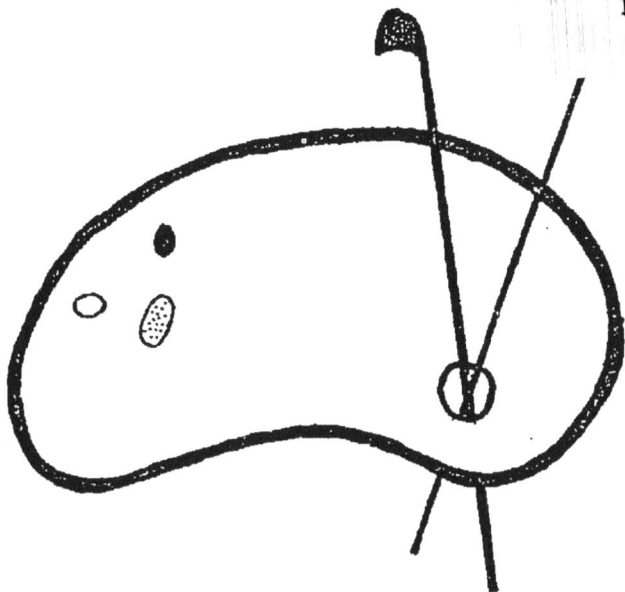

DEBUT D'UNE SERIE DE DOCUMENTS
EN COULEUR

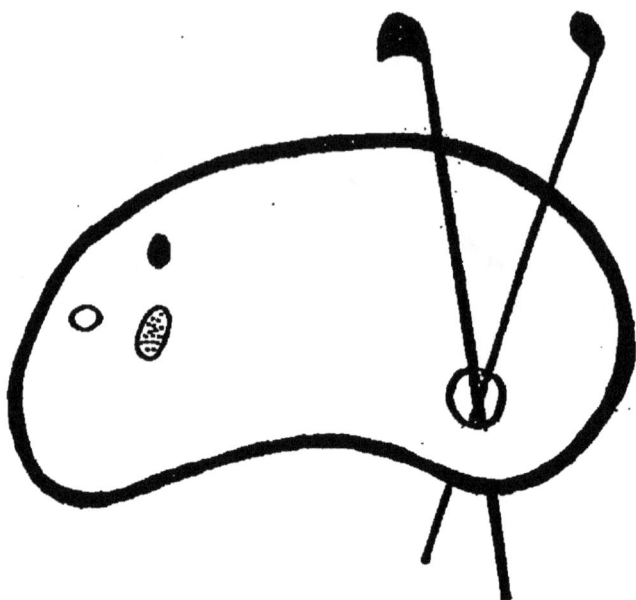

FIN D'UNE SERIE DE DOCUMENTS
EN COULEUR

L'EXPÉRIENCE RELIGIEUSE

BIBLIOTHÈQUE DE CRITIQUE RELIGIEUSE

LA VALEUR

DE

L'Expérience Religieuse

PAR

H. BOIS

PROFESSEUR A LA FACULTÉ DE THÉOLOGIE DE MONTAUBAN.

PARIS

LIBRAIRIE CRITIQUE

ÉMILE NOURRY

11, Rue Notre-Dame-de-Lorette

—

1908

PRÉFACE

L'ouvrage de W. James sur l'*Expérience religieuse* (1) a été un événement aussi heureux
pour le monde scientifique que pour le monde
religieux. Il a enrichi la science psychologique
d'une province encore presque inexplorée et où
abondent véritablement les découvertes à faire,
dont la lumière est destinée à rejaillir sur toute la
psychologie humaine, même la plus extra-reli-
gieuse. Et il a rendu au monde religieux l'immense service de détourner l'attention de bien
des penseurs religieux des problèmes purement
techniques et abstraits dont la discussion trop
souvent est loin de mériter la peine qu'elle
donne, pour les engager et les initier à l'inves-

(1) L'Expérience religieuse. Essai de psychologie descrip-
tive, par William James. Traduit avec l'autorisation de l'auteur par Frank Abauzit, avec une préface d'Emile Boutroux.
Paris, Alcan, 1906. — Croyants et savants doivent s'unir, me
semble-t-il, pour dire un cordial merci à M. Abauzit, qui a
bien voulu consacrer tant de soin, d'intelligence, d'habileté,
à mettre à leur portée l'ouvrage américain dans une langue
bien française, claire, alerte et vive, où rien de l'original ne
se perd.

tigation expérimentale des réalités concrètes et vivantes.

Précisément parce que le livre de W. James est un livre suggestif et profond, il soulève quantité de problèmes. C'est ce que fait observer avec beaucoup de sens M. Boutroux dans sa préface :

« Le livre de M. James, s'il contente sur beaucoup de points notre désir de savoir et de comprendre, le tient plutôt, sur d'autres, dans un état d'éveil et d'attente. Nous savons que ce volume n'a d'autre objet propre que la description psychologique des phénomènes, et qu'à un livre futur est réservée la partie la plus spécialement philosophique et explicative. Mais, dès maintenant, l'œuvre de M. James nous invite à réfléchir sur plusieurs questions de cet ordre, qu'elle soulève. »

Et M. Boutroux indique avec une précision admirable quelques-unes de ces questions :

« Qu'est-ce au fond, par exemple, que cette expérience spéciale, dénommée expérience religieuse ? N'est-ce qu'un état purement subjectif, ou est-ce une communication effective avec quelque être différent ou distinct du sujet conscient proprement dit ? (1)... Pour traiter ce problème de façon complète, la psychologie suffit-elle ? Il ne semble pas. La psychologie décrit ce qui se passe dans l'âme de l'homme religieux, analyse, coordonne, généralise. Mais peut-elle nous montrer l'âme en relation effective avec ce qui la dépasse ? Peut-elle, comme on dit, nous garantir la valeur objective des phénomènes qu'elle étudie, de certains de ces phéno-

(1) Préface de l'ouvr. cité, p. XVIII.

mènes, à tout le moins ? C'est là, si je ne me trompe,
une question d'un grand intérêt. Je l'appellerais la
question de la critique de l'expérience religieuse. De
même que Locke et Kant ont institué la critique de
l'expérience sensible, afin de savoir dans quelle mesure
et en quel sens cette expérience atteint des réalités,
n'y aurait-il pas lieu de soumettre à la critique l'expérience religieuse pour en déterminer la portée, la valeur
objective et universelle ? Certes, pour l'individu qui
sent, croit et vit, sa foi, son sentiment et sa vie ont une
réalité indéniable. Mais sur quoi reposent ces croyances
et cette vie ? Est-ce sur des vérités, ou sur des suggestions et des auto-suggestions d'origine purement psychologique ou physiologique ? Ont-elles une valeur
véritable ou imaginaire ? Questions dont la solution
est sans doute très délicate, car les problèmes religieux
sont de nature très spéciale. » (1)

Je n'ai point la prétention d'apporter ici tout
achevée cette *critique de l'expérience religieuse* que
réclame M. Boutroux. Quand même les limites
où je dois me renfermer ne me l'interdiraient
pas, ce ne serait pas trop pour mener à bien une
tâche si complexe et si difficile de l'ingéniosité,
de la souplesse et de l'originalité d'un W. James,
ou de la profondeur et de la pénétration d'un
Boutroux. Mon dessein est plus modeste. Je
voudrais simplement essayer d'indiquer la voie
sur laquelle il me paraît possible de chercher et
de trouver.

(1) Art. de M. Boutroux dans la Revue *Foi et Vie*, 16 déc.
1905, p. 755.

LA VALEUR

DE

L'EXPÉRIENCE RELIGIEUSE

CHAPITRE I

LA DÉFINITION DE L'EXPÉRIENCE RELIGIEUSE

L'expérience religieuse !... est-il possible de la définir ? Si elle est, comme les hommes religieux généralement le prétendent, une expérience *sui generis*, peut-on la révéler vraiment par des mots à qui ne l'a pas faite, et même pour celui qui l'a faite, y a-t-il moyen de la formuler par le discours ?

Une expérience... *sui generis*, soit... mais enfin c'est une expérience ! Si on croit pouvoir lui donner ce nom, on a sans doute des raisons pour cela ; ces raisons, il n'est pas interdit de les rechercher ; ce ne doit pas être une tâche désespérée que d'entreprendre de fixer en quelque mesure la notion de l'expérience religieuse en étudiant ses ressemblances et ses différences avec les autres espèces du genre *expérience*.

Tout ce qu'il y a à retenir du scrupule qui vient d'être indiqué, c'est que nous ne devrons pas attacher une importance excessive à notre définition, quelle qu'elle soit, et que nous ne devrons pas oublier que ceux-là seuls comprennent bien une définition qui possèdent par eux-mêmes l'intuition des réalités définies, comme ceux-là seuls connaissent la valeur d'un signe extérieur qui peuvent saisir derrière sa forme l'esprit dont il est représentatif. D'ailleurs, il ne peut être question en ce moment que d'une définition provisoire que tout l'ensemble de notre travail aura pour but et pour résultat de préciser, de corriger et de compléter.

A quelles autres expériences y a-t-il lieu de comparer l'expérience religieuse ?

Il est assez naturel de la comparer à l'*expérience scientifique*, et on n'y a pas manqué. Les savants areligieux ou irreligieux protestent. Leur protestation n'a rien de très surprenant. Quelques ressemblances qu'il puisse y avoir entre expérience religieuse et expérience scientifique, on peut bien s'attendre *a priori* à ce qu'il y ait des différences profondes. Et il n'est pas aisé de faire admettre au savant qui d'une part ne connaît pas l'expérience religieuse...par expérience et qui, d'autre part, se trouve être possesseur d'un type d'expérience... éprouvé et universellement reconnu, l'existence de types plus ou moins différents qui doivent lui apparaître comme vagues ou contradictoires. Plus sérieuse, plus grave, est l'opposition d'un penseur sympathique aux choses religieuses comme M. Boutroux. Or à la question qu'il pose lui-même en ces termes : « L'expérience religieuse est-elle « bien l'analogue de l'expérience sensible ? » il répond en relevant les profondes et essentielles différences qui lui paraissent exister entre l'expérience religieuse et l'expérience scientifique soit au point de vue de la forme soit au point de vue de la portée.

Examinons ces différences :

« Ce qui caractérise l'expérience scientifique, c'est la possibilité constante et universelle d'une exacte répétition. Les conditions d'une expérience scientifique sont rigoureusement supputées et définies, et tout homme est en mesure de les réaliser et de vérifier par lui-même le fait énoncé. Il n'en est pas de même de l'expérience religieuse. Elle est le privilège d'un nombre d'hommes extrêmement restreint. Elle se produit dans des conditions qui se sentent plus qu'elles ne se définissent, et qu'il serait à coup sûr impossible de réduire à des termes matériels et quantitatifs, comparables à ceux que formulent les sciences expérimentales.Les connût-on même avec précision, on n'oserait réaliser ces conditions artificiellement, comme le physicien, dans ses expériences, réalise les conditions des phénomènes qu'il veut étudier. On se ferait scrupule de traiter une âme humaine comme une substance chimique, et l'on ne pourrait, en tout cas, considérer que comme une sug-

gestion mécanique, non comme une inspiration intérieure, un phénomène ainsi fabriqué selon les règles.
C'est donc en vain qu'on voudrait assimiler l'expérience
religieuse à l'expérience scientifique. » (1)

Ces lignes remarquables établissent entre
l'expérience scientifique et l'expérience religieuse des différences qui me semblent de très
inégale valeur :

1° Le fait que l'expérience religieuse est le
privilège d'un nombre d'hommes restreint et
que tout homme n'est pas immédiatement en
mesure de la reproduire ou de la constater, est-il
décisif ? Ce n'est pas à des savants qu'il doit être
nécessaire de rappeler que la réalité et la valeur
d'un fait ne se mesurent pas à sa fréquence. Le
radium est relativement rare et cher : il n'est
pas à la portée du premier venu, pas même du
premier savant venu, de faire des expériences
sur les rayons X ou les rayons N. Certaines expériences métapsychiques ne peuvent se faire
qu'avec des médiums : les bons médiums constituent, eux aussi, « un nombre d'hommes extrêmement restreint. » Pour réaliser une expérience
scientifique, quelle qu'elle soit, il faut se mettre
dans les conditions, et il est plus ou moins facile
suivant les cas de s'y mettre ; d'où il suit que le
nombre de ceux qui s'y mettent est plus ou

(1) Esprit et autorité (à propos du dernier ouvrage d'Auguste Sabatier), dans la *Revue Chrétienne*, août 1904, p. 101.

moins restreint suivant les cas. Mais peu importe ce nombre et cette facilité. Il demeure que lorsqu'il s'agit d'un fait, il n'y a rien à faire qu'à se taire ou à se mettre dans les conditions nécessaires pour vérifier le dire de ceux qui l'ont observé et à chercher à les contrôler par une observation personnelle. Or c'est la prétention de l'homme religieux que quiconque se met dans certaines conditions morales, reproduira infailliblement l'expérience religieuse, qu'il est de la nature de cette expérience de ne pas se faire toute seule et de ne pouvoir être faite en l'homme ou devant l'homme, sans lui ou malgré lui ; que nul ne voit ici s'il ne veut voir, s'il ne se met en état de voir, mais que tous peuvent, pourvu qu'ils veuillent, faire la même expérience et percevoir les mêmes résultats. M. Boutroux lui-même dans sa préface au livre de W. James écrit :

« Il est certain que dans la vie de saint Paul, saint Augustin, Luther, l'expérimentation intérieure a joué un rôle considérable. On sait que, chez Pascal, physicien et mystique, c'est une expérience disposée comme celle du Puy-de-Dôme, qui doit convaincre les incrédules. « J'aurais bientôt quitté les plaisirs, disent-ils, si j'avais la foi. Et moi je vous dis : Vous auriez bientôt la foi si vous aviez quitté les plaisirs. Or, c'est à vous à commencer. Si je pouvais, je vous donnerais la foi. Je ne puis le faire, ni, partant, éprouver la vérité de ce que vous dites. Mais vous pouvez bien quitter les plaisirs, et éprouver si ce que je vous dis est vrai. »

Chez les mystiques, en particulier, la vie religieuse est
une continuelle expérimentation. » (1)

Le chrétien — il est entendu que lorsque, au
lieu de religieux, j'emploie le terme chrétien, j'entends simplement par là le religieux sous sa
forme la plus complète à mon sens et la plus
parfaite — le chrétien ne manque pas d'exemples qui lui paraissent probants d'individus qui,
pour s'être mis candidement et véritablement
dans les conditions morales voulues, ont réalisé
l'expérience chrétienne, et il ne lui est pas malaisé, en analysant de près le langage de ceux qui
prétendent s'être mis dans les conditions et
n'avoir pas fait l'expérience, d'établir qu'ils ne
s'étaient pas mis du tout ou qu'ils ne s'étaient
pas mis complètement dans les conditions voulues. Que dirait-on d'un savant qui contesterait
telle réaction délicate parce qu'il n'arrive pas à
la reproduire dans quelque grossière expérience
faite dans sa cuisine ? Serait-il légitime de contester la présence d'un microbe, parce que cette
constatation demande des conditions trop déli-
cates et trop subtiles pour être à la portée du
premier venu ?

Insistera-t-on sur le fait que l'expérimentation, facile dans les sciences, est plus malaisée
en religion ? Mais il n'y a pas là de quoi consti-

(1) Préface, p. VII-VIII.

tuer une différence absolue. On vient de voir
M. Boutroux lui-même déclarer que dans la vie
des St Paul, des St Augustin, des Luther, l'*expé-*
rimentation a joué un rôle considérable, et que
chez les mystiques la vie religieuse est une continuelle *expérimentation*. Facile ou malaisée, l'expérimentation religieuse est possible, puisqu'elle
est. — Il est vrai que, dans l'ordre scientifique,
l'expérimentation est dirigée tout d'abord et
avant tout par le désir de connaître ; le physicien, quand il institue une expérience, n'a pour
but que d'étudier ce qui se passera, et il étudie
quelque chose qui est en dehors de lui, je veux
dire en dehors de son moi personnel, spirituel
et moral. Au contraire, dans l'ordre religieux,
l'expérimentation est dirigée avant tout par le
désir de la sainteté, du bonheur, de la paix ;
quand un homme institue une vraie expérience
religieuse, ce n'est pas pour *connaître*, mais pour
être, pour devenir, et ce qu'il manipule, ce n'est
pas un objet situé en dehors de lui ou même à la
périphérie de son être, c'est son propre moi central et profond dans ce qu'il a de plus intime et
de plus spécifique. C'est une banalité parmi les
hommes religieux que de dire : il faut aborder
la question religieuse comme une question vitale
et non comme une affaire de pure théorie spécu-
lative ou de pure recherche scientifique désin-
téressée ; et la religion se présente essentielle-

ment non comme un système philosophique, non comme une expérience de science positive, mais comme une solution pratique au problème concret que la vie soulève. Il faut se poser intérieurement le problème religieux comme un problème vital et il faut vivre par l'action effective la recherche de la vérité religieuse pour que les faits religieux puissent être saisis, perçus et vérifiés en tant que réels et authentiques. Et c'est justement pourquoi si l'expérimentation joue un rôle considérable dans la vie des hommes religieux, on voit les difficultés qu'il y a à ce que cette même expérimentation puisse être pratiquée par n'importe quel savant dans son laboratoire. Il y a de ce chef une différence réelle entre les deux expériences, et c'est en se fondant sur cette différence, en prenant le terme *expérience* religieuse dans le sens d'*expérimentation* religieuse, et en s'appuyant sur le fait indéniable qu'eux-mêmes ne peuvent indistinctement réussir dans leurs laboratoires des expérimentations religieuses, que quantité de savants irreligieux ou areligieux déclarent sans ambages qu'il n'y a pas et qu'il ne saurait y avoir au monde une chose telle que l'expérience religieuse, et que les hommes religieux commettent, en se servant de cette locution, un intolérable abus de langage propre à tout confondre et à tout brouiller. — Pourtant, si nous y regardons de près, la

science n'a pas à s'occuper des motifs que je
puis avoir par devers moi, quand je fais une
expérimentation. Il y a des savants qui sont
mus par le désir de briller personnellement, ou
de contribuer par leur découverte à soulager les
misères de l'humanité. Qu'importent à la science
ces pensées d'ambition égoïste ou d'altruiste utilité ? Tout ce qui intéresse la science, c'est que
l'expérimentation soit bien faite, c'est qu'elle
soit en elle-même, quels qu'aient pu être ses
motifs, une expérimentation vraie. Peu importe
aussi à la science que l'homme religieux soit mû
par un désir personnel de moralité ou de bonheur ; tout ce qui intéresse la science, c'est que
l'expérimentation soit effectivement une expérimentation. *Elle l'est.* Donc le parallèle entre
l'expérience scientifique et l'expérience religieuse
tient bon. — Semblablement peu importe le
domaine dans lequel l'expérimentation a lieu ;
qu'il s'agisse d'une expérience de chimie ou de
zoologie ou qu'il s'agisse d'une expérience portant sur le moi spirituel profond, la seule question topique ici est de savoir si dans les deux cas
il y a expérimentation. *Il y a expérimentation.*
Donc le parallèle entre l'expérience scientifique
et l'expérience religieuse tient bon. — Aussi
bien, le fait qu'une expérimentation ne peut
être faite que par les gens compétents n'a réellement rien qui doive étonner un esprit scienti-

fique. Or, dans les matières religieuses, ceux-là seuls sont compétents pour faire l'expérience qui réalisent *en eux-mêmes* certaines conditions, puisque l'expérimentation porte non point sur des objets extérieurs et indifférents, mais sur le moi vital de l'expérimentateur lui-même. — Et enfin, si celui qui ne réalise pas en soi-même les conditions dont il s'agit est incompétent pour expérimenter, il ne l'est pas au même point pour *observer* l'expérience religieuse d'autrui. Or l'observation a bien son prix. Attribuer à la preuve expérimentale plus de dignité et plus de certitude qu'à l'observation est inadmissible. En écrivant l'*Introduction à l'étude de la médecine expérimentale*, Claude Bernard a fait justice de cette vieille antithèse. Il y a des domaines scientifiques — tel l'astronomie — où l'expérimentation proprement dite n'est pas de mise, et où le savant est contraint de se borner à l'observation. L'astronome ne commande pas aux phénomènes qu'il enregistre et la voûte céleste n'est pas un amphithéâtre pour l'expérimentation. Les données astronomiques ne sont pas d'ailleurs les seules qui échappent à l'expérimentation. On en peut dire autant pour nombre de phénomènes météorologiques et biologiques. L'incertitude des prévisions relatives au temps, l'impuissance des médecins à produire ou à guérir certaines maladies en sont des preuves éclatantes. — Les différences qu'il peut y avoir de ce chef entre l'expérience religieuse et l'expérience scientifique — entendez l'expérience des sciences dites positives, des sciences physiques et naturelles — sont des différences matérielles plutôt que formelles ; elles tiennent à la nature de l'objet en question plutôt qu'à la nature de l'expérience elle-même en tant qu'expérience. Ces différences n'enlèvent donc pas à l'expérience religieuse le droit de prétendre à être assimilée à l'expérience scientifique.

2° Mais M. Boutroux relève une différence plus profonde. Il est exact que ni les conditions de l'expérience religieuse, ni les éléments, facteurs ou résultats de cette expérience ne sont susceptibles d'être mesurés, d'être exprimés en formules mathématiques. « Il est impossible, dit à juste titre M. Boutroux, de les réduire à des termes matériels et quantitatifs, comparables à ceux que formulent les sciences expérimentales. » On doit bien reconnaître que la situation est la même dans plusieurs branches des sciences positives. Les sciences naturelles, par exemple, offrent nombre de faits qui échappent encore à toute mesure, et n'en sont pas moins considérés comme scientifiques. Mais cela tient à l'imperfection actuelle de ces sciences ; en soi, la possibilité subsiste d'opérer un jour cette réduction mathématique; cette possibilité est l'idéal vers lequel tend la science, toute science, et qu'elle espère bien atteindre un jour (1).

Il n'en est pas ainsi de l'expérience religieuse. Ni aujourd'hui, ni plus tard elle ne sera passible d'une évaluation quantitative et matérielle. Le contraste est indéniable. Mais d'où provient-il ? De ce que l'expérience religieuse a pour théâtre le monde psychique, tandis que l'expérience scientifique a pour théâtre le monde matériel ou tout au moins spatial. Si donc on réserve le mot *scientifique* pour les sciences dites positives, il est clair que nous avons trouvé une différence essentielle entre l'expérience religieuse et l'expérience scientifique, et qui doit priver l'expérience religieuse du droit à se dire identique à l'expérience scientifique. Mais je me hâte de remar-

(1) Cf. Herschell, Discours sur l'étude de la philosophie naturelle, § 515 : « La précision numérique est véritablement l'âme de la science ». Rabier, Logique, p. 100 : « La science tend en toutes choses à la mesure ». Le Dantec, l'Athéisme, p. 192, soutient qu'il ne saurait y avoir de fait scientifique en dehors des faits qui comportent des mesures et par suite une description impersonnelle. Il écrit : « C'est alors seulement que nous aurons le droit de parler d'une connaissance scientifique des faits, c'est même là, en quelque sorte, la définition de la science ». (Ces citations sont faites d'après P. Saintyves. *Le miracle et la critique scientifique*, p. 7). Et M. Bergson a déclaré à son tour : « Ce qui distingue notre science, ce n'est pas qu'elle expérimente, mais qu'elle n'expérimente et plus généralement ne travaille qu'en vue de mesurer ». (Evolution créatrice, p. 360).

quer : 1º que cette différence provient de la
nature même du domaine de l'expérience, qui
est dans un cas mental, dans l'autre spatial —
différence qui est encore plutôt matérielle que
formelle ; 2º que cette différence entre l'expérience religieuse et l'expérience dite scientifique
en ce sens restreint est identiquement la même
que la différence entre l'expérience psychologique et cette même expérience scientifique. Si
l'expérience religieuse sort des cadres de l'expérience scientifique, c'est pour entrer dans les
cadres de l'expérience psychologique. Et pour
peu que l'on soit disposé à décerner à l'expérience psychologique le titre de scientifique,
voilà l'expérience religieuse réintégrée dans
l'expérience scientifique au sens large. C'est
affaire de terminologie. — Dira-t-on que la psychologie mérite le titre de scientifique lorsqu'elle
cherche et réussit à emprunter aux sciences positives leur méthode, lorsque, dans l'impuissance
où elle est de soumettre directement au calcul
et à la mesure l'élément proprement mental,
elle étudie, en cherchant à le mesurer, l'élément
physique et physiologique concomitant (en
vertu du parallélisme psycho-physique ?) Mais,
d'une part, si une telle étude est théoriquement
possible, désirable, elle n'a pas donné jusqu'ici
de bien féconds résultats, et eût-elle tous les
succès qu'on doit lui souhaiter, elle ne dispen-

serait pas de la psychologie purement psychique.
Et d'autre part si on voit ce qui s'opposerait pratiquement, on ne voit pas ce qui s'opposerait
théoriquement à ce qu'on tâte le pouls à un
homme religieux pendant qu'il prie, à ce qu'on
prenne la température d'un sujet en train de se
convertir, bref à ce qu'on soumette l'individu
religieux à diverses expériences (connues ou à
trouver) de laboratoire. Les difficultés sont extra-
ordinairement plus grandes dans la psychologie
religieuse que dans la psychologie tout court ;
mais une difficulté n'est pas une impossibilité.
C'est affaire aux savants de trouver des biais,
et, si j'ose dire, des trucs pour tourner les obstacles. Et la psychophysique ordinaire rencontre
sur sa route tant de complications et d'embarras
qu'elle serait vraiment mal venue à reprocher à
la psychophysique religieuse les siens.

Passons à la différence « plus grave » que M.
Boutroux signale entre les deux expériences
scientifique et religieuse au sujet de « la portée
attribuée à l'expérience » :

« Dans l'ordre scientifique, l'expérience n'a nulle
prétention à une objectivité absolue. Elle nous fournit
des faits, sans leur prêter d'autre signification que celle
de phénomènes qui se renouvellent toutes les fois que
réapparaissent leurs conditions, également phénoménales. L'objectivité, ici, n'est autre chose que la possibilité, pour tout homme, de constater les mêmes con-

nexions de phénomènes, en vertu de l'universalité et de la constance des lois de la nature. Tout autre est la signification revendiquée par l'expérience religieuse. Elle nous atteste le rapport de l'âme avec un être qui la dépasse infiniment, et dont l'existence ne peut être constatée. Le repentir ou l'amour, le sentiment de chute ou de résurrection morale est un fait, mais Dieu n'est pas un fait ; et sa réalité et son action ne peuvent être considérées comme données, immédiatement et sûrement, dans le sentiment que nous en avons. L'expérience nous fait connaître les mouvements de notre âme, ainsi que les croyances que nous y rattachons, mais elle ne nous donne ni ne peut nous donner la réalité des objets représentés dans ces croyances, non pas même la réalité de l'activité interne en vertu de laquelle il nous semble que ces mouvements se produisent. Qu'est-ce à dire, sinon que l'expérience religieuse, pour être probante, suppose la foi, loin de pouvoir l'engendrer ou la suppléer ? » (1)

On serait tenté au premier abord de croire que la pensée de l'éminent philosophe dévie quelque peu. Il s'agissait de nous prouver que l'expérience religieuse « n'est pas l'analogue de l'expérience scientifique », que « c'est en vain qu'on voudrait assimiler l'expérience religieuse à l'expérience scientifique. » Et en somme à quoi aboutissons-nous ? à montrer que l'expérience religieuse, en tant qu'expérience, ne nous fait pas saisir Dieu, que Dieu ne peut être atteint que par une induction métaphysique, par la foi...

(1) Art. cité sur Esprit et autorité, p. 101-102.

L'insuffisance de l'expérience religieuse pour aller jusqu'à Dieu sans la foi établit-elle une différence entre l'expérience religieuse et l'expérience scientifique ? Ne serait-ce pas plutôt une ressemblance, puisque, elle aussi, l'expérience scientifique ne conduit certes pas, sans la foi, à Dieu ? On pourra dire, il est vrai, que l'expérience scientifique n'a jamais prétendu conduire à Dieu, tandis que bien des hommes religieux croient pouvoir aller jusqu'à Dieu par l'expérience sans la foi. Mais pour rectifier le rapprochement que nous instituons ici entre l'expérience scientifique et l'expérience religieuse et lui donner une forme tout à fait correcte, il n'y aura qu'à dire : l'expérience religieuse ne conduit pas plus à Dieu sans la foi que l'expérience scientifique ne conduit sans induction métaphysique à telle conception de la réalité ultime qui se cache derrière le mot matière ou à telle conception de la nature dernière de l'esprit. Aussi bien dans l'ordre phénoménal ordinaire que dans l'ordre religieux, aucune expérience n'atteint directement l'être en soi.

En y regardant plus attentivement, on s'aperçoit que l'exposition et la critique de M. Boutroux sont influencées, comme il est très naturel, par la théorie qu'il combat avec raison d'ailleurs (1). Il s'oppose à la théorie de l'expérience

(1) Avec raison... en ce qui concerne du moins l'expérience.

qu'il trouve... chez Sabatier peut-être,.. en tout cas chez quantité d'hommes religieux : la théorie qui, assimilant l'expérience religieuse à l'expérience scientifique, représente le processus du fidèle concluant de l'expérience religieuse à Dieu comme identique au processus du savant inférant de l'expérience scientifique telle ou telle hypothèse générale, et revendique pour l'hypothèse Dieu le caractère scientifique. M. Boutroux dit en somme à ces théoriciens de l'expérience : J'admets votre concept de l'expérience religieuse,

Car j'avoue que j'aurais peine à me ranger à l'opinion de M. Boutroux en ce qui concerne la notion d'*autorité*. Je ne puis parvenir, je le confesse, à m'assimiler des phrases comme celles-ci : « Dieu, par définition, dépasse l'homme infiniment. Comment donc pourrions-nous affirmer son existence autrement que par une sorte d'induction fondée sur l'autorité que nous attribuons à l'Etre parfait que notre pensée nous représente ? » (art. cité, p. 103). Certes, Dieu dépasse l'homme, et certes encore, nous ne pouvons affirmer son existence que par une sorte d'induction. Mais cette induction qui, assurément, n'est pas de l'ordre scientifique, — car elle dépasse les phénomènes observables, car elle constitue une μετάβασις εἰς ἄλλο γένος — cette induction métaphysique est pourtant fondée sur l'expérience et non point sur l'autorité. Pour attribuer une autorité quelconque à l'Etre parfait que notre pensée nous représente, il faut que nous ayons déjà affirmé son existence. Nous ne commençons pas par affirmer son autorité pour déduire ensuite de cette autorité l'existence. Je ne puis, quant à moi, arriver à concevoir la foi comme quelque chose de mystérieux, constitué en dehors de l'expérience, soit par je ne sais quelle action magique de Dieu, soit par je ne sais quelle irrationnelle influence de l'« autorité », et, une fois constitué, venant illuminer l'homme religieux sur la portée de ses expé-

mais l'expérience religieuse ainsi conçue diffère radicalement de l'expérience scientifique, car elle renferme la foi. Pour mon compte, je préfère dire — ce qui dans le fond revient sans doute à peu près au même — que l'on a raison de rapprocher l'expérience religieuse de l'expérience scientifique, mais que ce rapprochement même condamne la conception de l'expérience religieuse dont il s'agit et doit amener à la modifier. Je préfère dire que la vraie expérience religieuse, au sens propre, n'a elle aussi comme l'expé-

riences, — conception qui semble être indiquée dans plusieurs phrases de M. Boutroux (p. 102). Non, la foi est engendrée par l'expérience, lorsque l'expérience est envisagée non plus au simple point de vue phénoménal et scientifique, mais au point de vue moral et métaphysique, de même — seulement avec une netteté et une force bien supérieures — que la croyance en Dieu est engendrée chez le philosophe spiritualiste par l'expérience sensible, lorsque cette expérience est envisagée non plus au simple point de vue scientifique et phénoménal, mais au point de vue métaphysique et moral, de même que la croyance en l'existence de nos semblables et du monde extérieur est engendrée chez le philosophe par l'expérience sensible, lorsque cette expérience est envisagée non plus au simple point de vue scientifique et phénoménal, mais au point de vue psychologique et métaphysique, au point de vue de la conscience que nous avons de nous-mêmes et que nous transportons par induction hors de nous. L'autorité, ici, n'a vraiment rien à voir. Encore un coup, je ne puis attribuer à Dieu de l'autorité que si je crois à son existence. Je ne puis croire à son existence raisonnablement qu'en me fondant sur mon expérience sensible ou religieuse. Quel que soit le sort que l'on fasse ensuite à l'autorité, c'est l'expérience qui est la base et non l'autorité.

rience scientifique, nulle prétention à une objectivité absolue, qu'elle nous fournit elle aussi des faits, sans leur prêter d'autre signification que celle de phénomènes qui se renouvellent toutes les fois que réapparaissent leurs conditions également phénoménales. Je préfère dire que l'objectivité (1), ici, comme dans les sciences, n'est autre chose que la possibilité pour tout homme, de constater en soi ou en autrui, en se conformant à certaines conditions, les mêmes connexions de phénomènes, en vertu de l'universalité et de la constance des lois de l'esprit aussi constantes et universelles que celles de la nature. Je préfère dire enfin que si à coup sûr l'homme religieux revendique une tout autre signification pour son expérience religieuse, ce n'est pas l'expérience en tant qu'expérience qui élève en lui ces revendications, c'est la foi.

Oui, l'expérience nous atteste la persuasion où est l'âme religieuse d'être en rapport avec un être qui la dépasse, et dont l'évidence ne

---

(1) Il y a amphibologie dans l'emploi de l'expression « objectivité de l'expérience religieuse ». A strictement parler, la seule objectivité qui puisse appartenir à l'expérience religieuse en tant qu'expérience est celle que nous définissons ici. Mais on entend souvent par objectivité de l'expérience religieuse l'objectivité de facteurs transcendants, générateurs de l'expérience. A coup sûr, l'expression objectivité de l'expérience est plus courte, partant plus commode, et nous ne nous interdirons pas absolument de l'employer ; elle est pourtant moins exacte et moins précise.

peut être constatée. Car si le repentir ou l'amour,
le sentiment de chute ou la résurrection morale
est un fait, Dieu n'est pas un fait, et sa réalité
et son action ne peuvent être considérées comme
données, immédiatement et sûrement, dans le
sentiment que nous en avons. Il y a donc une
science psychologique qui étudie à bon droit
les expériences religieuses, cherche à en dévoiler
les rapports, les conditions, les lois, sans sortir
de l'ordre des phénomènes observables. Mais
cette psychologie ne suffit pas à l'homme religieux qui veut être et rester religieux. Il lui
faut dépasser et interpréter son expérience religieuse par la foi. Et il n'y manque pas. Il suit de
là qu'il y a lieu pour le philosophe de procéder
à une critique de l'expérience religieuse... comme
il y a lieu pour lui, également, de procéder à une
critique de l'expérience scientifique. L'expérience religieuse, en tant qu'expérience, ne se
distingue donc pas au point de vue de la portée,
de l'expérience scientifique ou psychologique. A
vrai dire, la question même de *portée* est une
question aussi étrangère à la psychologie pure
qui étudie les expériences religieuses qu'à la
science pure qui étudie les expériences scientifiques. Science pure et psychologie pure ont également pour principe ce que M. Flournoy a
appelé l'*exclusion de la transcendance* (1). La

_____

(1) Les principes de la psychologie religieuse. Genève, H.
Kundig, 1903, p. 8.

question de portée est du ressort de la métaphysique et de la critique métaphysique, et cette question, psychologie pure et science pure n'ont pas plus le droit de l'écarter que de la trancher.

Il ne nous semble donc pas que les considérations invoquées par M. Boutroux interdisent tout rapprochement entre l'expérience scientifique et l'expérience religieuse. Il y a à coup sûr des différences entre ces deux expériences ; mais elles sont plus matérielles que formelles et n'enlèvent pas à l'homme religieux le droit de donner au terme expérience, dans la locution expérience religieuse, un sens formellement analogue sinon identique au sens qu'il a dans la locution expérience scientifique.

A un autre point de vue, on peut rapprocher avec fruit une certaine expérience religieuse d'une certaine expérience scientifique : j'entends parler ici de l'expérience religieuse des grands initiateurs, des prophètes, des génies religieux, des fondateurs ou réformateurs de religions, et j'entends parler de l'expérience scientifique des inventeurs. Il y a une expérience scientifique qui est celle du savant qui ne cherche pas, qui n'invente pas, qui se borne à exposer et enseigner ce qui a déjà été découvert, c'est l'expérience du professeur. Dans le cas très différent du savant créateur, l'idée d'expérience implique enseignement des faits, confrontation aux faits,

contrôle et suggestion par les faits, le tout en vue
d'aboutir à l'établissement de formes systéma-
tiques nouvelles. L'expérience doit aboutir à
modeler peu à peu, à informer graduellement
notre pensée, à l'imprégner lentement des habitudes de la nature et à la mouler de mieux en
mieux sur le réel. Voici comment, d'après M.
Le Roy, il convient de se représenter les démar-
ches de l'esprit :

C'est toujours au sein d'une théorie que l'on
expérimente, que l'on élabore les faits. Rien que
le simple usage d'un appareil implique déjà bien
des conséquences, car un appareil est en somme
une sorte de théorie matérialisée en bois et en
métal, et toute la science antérieure est pour
ainsi dire incluse en lui. C'est toujours au sein
d'une théorie que l'on expérimente ; car il faut
être compétent pour *voir*, et le seul énoncé de ce
qui paraît aux uns l'enregistrement d'une donnée
reste inintelligible aux autres, s'ils n'ont pas
appris la science dans laquelle ce fait nouveau
doit prendre place. Le fait, d'abord, doit avoir
une signification par rapport à la théorie, être
suscité par elle, appelé, évoqué par ses besoins
et ses exigences ; bref il ne se définit qu'en elle
et par elle. La science ne connaît pas le fait en
soi, mais seulement le fait relatif à un système
théorique. Les faits pour elle ne sont pas définis-
sables abstraitement, mais seulement dans et

par le système qui les produit et se les assimile.
Je dis : qui se les assimile. Car il faut d'autre
part que la théorie qui les suscite et au sein de
laquelle ils naissent ne soit pas un bloc indéfor-
mable, un cadre rigide qu'on ne puisse que prendre ou laisser, il faut que la théorie soit mobile,
changeante, plastique, partiellement indéter-
minée encore. C'est en général de la théorie
qu'on part pour aller au fait, maintenant que
la science existe et qu'il s'agit non plus de la
fonder mais de la développer. La théorie, encore
à l'état naissant, s'efforce de vivre, de se développer, d'achever sa détermination, d'exploiter
ses puissances latentes, d'acquérir sa forme parfaite. Pour cela elle produit un acte, une œuvre,
un projet de résultat. C'est la genèse d'un fait.
Puis ce fait, elle l'éprouve, l'essaie, elle cherche
s'il est assimilable et vivifiant. En cela consiste
la vérification, qui s'opère essentiellement par
mise en service, par passage à la pratique. Ainsi
la vérification expérimentale est pour une théorie en formation une véritable épreuve de vie.
L'épreuve expérimentale d'une théorie par les
faits est nutrition et développement, non pas
addition numérique et simple poinçonnage.

Si telle est la vraie conception de l'expérience
scientifique créatrice, semblable est aussi l'expérience créatrice en religion. Il y a assurément
une expérience religieuse qui est celle de l'hom-

me religieux qui ne découvre pas proprement, qui se borne à vérifier pour son propre compte et pour autrui ce qui a déjà été découvert, ce qui a déjà été révélé. Mais il y a aussi le cas du génie religieux, du prophète. Prenez les prophètes d'Israël, suivez le progrès de leurs expériences et de leurs pensées. Vous vous apercevrez que dans la série de leurs révélations successives, la relation entre théorie et fait, entre doctrine et expérience, est beaucoup plus complexe et beaucoup plus intime qu'on ne le croit d'habitude. Vous y verrez que l'expérience est assurément fécondation, apport d'une nourriture vivifiante ; mais toute nourriture n'est telle que si elle répond à l'appel d'une faim et si elle rencontre une aptitude à digérer ; et toute fécondation suppose un milieu préparé pour le développement du germe. Vous y trouverez sans cesse la genèse d'expériences nouvelles au sein de doctrines issues d'expériences antérieures, la réaction des expériences nouvelles une fois surgies sur la doctrine génératrice. Production de l'expérience par la doctrine ou du moins au sein et en fonction de la doctrine, épreuve de la doctrine par l'expérience, rapport de détermination et d'intériorité réciproque entre ces deux termes, voilà la démarche type, le moment essentiel du progrès prophétique.

Etant donnée la fréquence avec laquelle on les rapproche ou on les oppose, il était difficile de ne pas s'attarder à étudier les rapports de l'expérience religieuse et de l'expérience scientifique. Mais il est un autre rapprochement plus simple : ne pourrait-on s'en contenter ? Je le trouve indiqué dans cette phrase de M. Boutroux : « Ne semble-t-il pas que, de même que Locke et Kant ont institué la critique de l'*expérience sensible*, il soit légitime et nécessaire, pour un philosophe, de procéder à la critique de l'*expérience religieuse* ? » Pourquoi ne pas prendre le terme *expérience*, dans l'expression expérience religieuse, au simple sens kantien, dans ce sens que *quelque chose est donné* ? Tout ce qu'un homme voit, touche, goûte, sent, entend, constitue l'expérience sensible, tout ce qu'un homme ressent en fait de sentiments, d'impressions affectives, de modifications spirituelles, constitue l'expérience psychique ; et parmi les expériences psychiques, il y a celles qui concernent directement la vie morale et religieuse, les expériences morales et religieuses. D'où il résulte que les expériences religieuses sont la partie la plus importante, l'essence même de la vie religieuse. Le connaître vient après l'être, soit au point de vue du temps, soit au point de vue de la valeur. Celui-là n'est pas vraiment un homme religieux qui a seulement dans

sa tête des idées quelles qu'elles puissent être.
Des idées, un homme religieux en a et doit en
avoir ; mais il a et doit avoir autre chose et plus
que cela, des sentiments dans son cœur, des
impulsions dans sa conscience, des mouvements
dans sa volonté, bref des expériences religieuses.
L'idée n'est que la traduction intellectuelle de
l'expérience.

On peut se demander si cette façon de définir
la locution *expérience religieuse* n'est pas la plus
claire, la plus simple, et si elle ne permet pas
d'éviter les équivoques où si souvent on se
laisse embarrasser quand on veut définir l'expérience religieuse en fonction de l'expérience
scientifique. Ce qui a conduit beaucoup d'hommes religieux à rapprocher l'expérience religieuse de l'expérience scientifique, c'est d'abord
sans doute le désir de communiquer à l'expérience religieuse quelque chose du crédit qui
s'attache de nos jours à l'expérience scientifique ; mais l'expérience religieuse a sa dignité
propre en son ordre ; et c'est ensuite le désir
apologétique ou apostolique de mettre en lumière le rôle de la volonté et d'exciter le pro-
chain à se placer dans les conditions propices
pour expérimenter ; mais alors on échappe ma-
laisément aux confusions d'idées introduites
par les confusions des termes expérience et expérimentation.

Il peut y avoir au contraire un grand avantage à définir l'expérience religieuse en fonction de l'expérience sensible, de l'expérience kantienne, c'est qu'alors on comprend qu'il faut transporter dans le domaine religieux aussi la distinction entre l'expérience pratique, concrète, ordinaire, courante et l'expérience scientifique. On entend souvent répéter : l'expérience scientifique a une valeur universelle, bien que relative, elle est objet de constatation universelle ; l'expérience religieuse ne vaut que pour l'individu qui est à la fois objet et sujet de son observation, elle est purement individuelle et subjective. Il y a du vrai et du faux dans ces allégations. En somme l'expérience sensible courante présente des particularités individuelles qui ne sont ni communiquées ni communicables ; si par abstraction le savant comme savant ne doit se préoccuper que de rapports généraux, en tant qu'homme il voit sa vie remplie par des rapports particuliers, « singuliers », que de simples lois générales ne sauraient épuiser ou remplacer ; s'il serait déraisonnable de chercher dans les résultats de la psychologie religieuse scientifique une religion complète, adéquate à ce qu'elle est vraiment pour les âmes vivantes, il serait non moins déraisonnable d'espérer retrouver avec tous ses charmes et influences l'enivrante nature dans les traités de physique, botanique, zoologie. En définitive, comme l'a montré M. Poincaré, le savant intervient dans l'expérience commune pour choisir les faits qui méritent d'être observés. Un fait isolé n'a par lui-même aucun intérêt, il en prend un si l'on a lieu de penser qu'il pourra aider à en prédire d'autres ; ou bien encore si, ayant été prédit, sa vérification est la confirmation d'une loi. C'est la libre activité du savant qui choisit les faits qui, répondant à ces conditions, méritent le droit de cité dans la science. Et l'on peut ajouter que d'une part le fait scientifique est la traduction d'un fait brut dans un certain langage, et que d'autre part tout fait scientifique est formé de plusieurs faits bruts. L'expérience scientifique suppose ainsi à la fois un choix, des abstractions, des moyennes et une synthèse, des groupements, des combinaisons. Moins concrète que l'expérience commune, moins fraîche, moins naïve, moins ruisselante et baignée des souffles directs de la nature et de la vie, l'expérience scientifique est mieux adaptée par cela même à l'usage rationnel, schématique et réducteur, elle est plus facilement informatrice de la pensée discursive. Et inversement on trouve dans les expériences religieuses individuelles des phénomènes ou des lois qui se répètent et peuvent être considérés comme constants ; si l'expérience individuelle échappe en son fond aux plus subtiles analyses, il est, dans les phénomènes religieux, des caractères généraux extrêmement importants à observer, à nettement préciser, déterminer, et qui permettent de reconnaître à quels organes, à quelles lois de la vie psychique correspond l'expérience religieuse. Ainsi l'expérience religieuse courante donne lieu à une sorte d'expérience religieuse scientifique qui donne lieu à la science psychologique. La critique morale et métaphysique apprécie, interprète, dépasse ces deux sortes d'expériences religieuses.

A ce compte nous devrions distinguer deux sortes d'expériences religieuses, comme on distingue deux sortes d'expériences sensibles : l'expérience vulgaire et l'expérience scientifique.

Convient-il toutefois d'établir et de maintenir une grande différence entre ces deux sortes d'expériences ? En réalité, y a-t-il un abîme, ou, tout au moins, une démarcation absolue, tranchée entre l'expérience scientifique et l'expérience courante ? Tel n'est pas l'avis de M. Poincaré qui n'hésite pas à déclarer :

« Quelle différence y a-t-il entre l'énoncé d'un fait brut et l'énoncé d'un fait scientifique ? Il y a la même différence qu'entre l'énoncé d'un même fait brut dans la langue française et dans la langue allemande. L'énoncé scientifique est la traduction de l'énoncé brut dans un langage qui se distingue surtout de l'allemand vulgaire ou du français vulgaire parce qu'il est parlé par

un bien moins grand nombre de personnes... Le fait
scientifique n'est que le fait brut traduit dans un langage commode... Il n'y a pas de frontière précise entre
le fait brut et le fait scientifique ; on peut dire seulement que tel énoncé de fait est *plus brut* ou, au contraire, *plus scientifique* que tel autre. » (1)

Ainsi, il n'existe aucun critère logique, aucun
réactif infaillible qui permette de répartir définitivement les jugements physiques dans l'une
ou l'autre des deux classes : l'opinion ou la
science. La science plonge ses racines dans le
sens commun, et le sens commun se perd et se
transforme insensiblement dans la science. Entre
les deux ordres il n'y a pas de solution de continuité. Le passage de l'expérience vulgaire à
l'expérience scientifique se fait par degrés insensibles. Le jugement de perception, individuel
et primitivement valable pour une conscience,
à un moment et en un lieu particuliers, se relie
par une chaîne continue aux énoncés les plus
généraux de la science. Le point où l'expérience
scientifique acquiert sa spécificité propre est
indiscernable. De même, pourrons-nous dire,
l'expérience religieuse peut être tantôt plus
semblable au fait brut (expérience au sens kantien), tantôt plus semblable au fait scientifique
(expérience scientifique) : entre les deux formes
de l'expérience religieuse il n'y a pas de fron-

(1) La Valeur de la science, p. 227, 231, 235.

tière précise (1). Par suite il n'y a pas lieu de décider fermement qu'on prendra l'expérience religieuse dans un sens plutôt que dans l'autre pour poser et étudier le problème de la valeur de l'expérience religieuse et de l'objectivité transcendante de ses facteurs.

(1) Au reste, dans le domaine même de l'expérience sensible commune, il semble possible de retrouver la distinction que nous avons déjà indiquée entre l'expérience reproductrice et vérificatrice et l'expérience proprement inventive et créatrice.

CHAPITRE II

LA PERCEPTION RELIGIEUSE ET L'OBJECTIVITÉ
DE SES FACTEURS

Bien des hommes religieux sont tentés d'étendre le sens et le contenu du terme *expérience*. Ils assurent, avec une conviction entière, que le chrétien *éprouve* Dieu lui-même, *éprouve* le Christ, *éprouve* le St-Esprit ; que l'expérience comprend en soi non pas seulement la modification du moi, le sentiment suggéré et ressenti, mais aussi l'auteur de cette modification, la cause productrice de ce sentiment.

S'il en était réellement ainsi, les problèmes seraient fort simplifiés. Le chrétien n'aurait qu'à dire à ses adversaires : constatez donc les faits, n'observez pas l'expérience chrétienne partiellement, observez-la dans sa plénitude et son intégralité ; si votre observation est exacte et fidèle, vous serez infailliblement amenés par les procédés mêmes de la science à prouver, à établir la présence et l'action de Dieu, du St-Esprit, du Christ. La question entre nous, n'est pas une question d'interprétation ; c'est une question d'observation et de constatation. Vous prétendez admettre les faits, tous les faits que nous vous présentons, et différer d'avis avec nous sur la question d'interprétation ; mais nous ne faisons pas d'interprétation ; nous nous tenons aux faits, seulement nous les prenons tous, tandis que vous n'en prenez qu'une partie, les séparant ainsi arbitrairement en deux groupes, et décorant encore plus arbitrairement du nom d'interprétation et d'interprétation erronée le groupe de faits qui ne vous convient pas.

Mais ce langage n'est pas exact. On a beau dire et beau faire : au point de vue psychologique, l'expérience, l'expérience au sens strict se réduit aux pures et simples modifications de notre âme. Et alors, ou bien nous dirons : l'homme fait l'expérience de Dieu, et dans ce cas, comme on ne fait jamais l'expérience que de soi, nous identifierons Dieu et l'homme, le Dieu intérieur ne sera pas autre chose que le moi intérieur, et nous serons en pleine métaphysique panthéiste. Ou bien, répudiant le panthéisme, affirmant un Dieu personnel, numériquement distinct de nous, nous serons conduits à nier que l'homme fasse l'expérience de Dieu lui-même, nous déclarerons que même en admettant que dans l'expérience religieuse des facteurs transcendants soient à l'œuvre, l'homme n'éprouve jamais que les résultats de leur action, et que c'est par une induction seulement qu'il peut de son expérience s'élever à Dieu lui-même. Pas plus que de Dieu, nous n'avons proprement conscience du monde extérieur et des âmes de nos semblables. C'est toujours par induction qu'on dépasse l'expérience. Mais il y a induction et induction. Nul ne se refuse à l'induction sociale qui pose l'existence et l'action de nos semblables. Il y en a qui se refusent à l'induction métaphysique qui pose l'existence et l'action de Dieu... Cette induction métaphysique, a-t-on le droit de la faire ?

Pour nous en rendre compte, comparons les rapports de l'expérience et de l'induction dans le domaine religieux avec ceux de l'expérience et de l'induction dans le domaine simplement psychologique et social.

Au cours d'une intéressante discussion sur le mysticisme de Ste Thérèse, dans la Société française de philosophie, il a été donné lecture d'une remarquable lettre de M. Blondel : elle contient plusieurs remarques dont nous pouvons faire notre profit.

M. Blondel rappelle la distinction entre la *perception* et l'*hallucination*. Dans le domaine de la vie sensible, la perception et l'hallucination, quoique identiques à beaucoup d'égards pour la conscience, diffèrent cependant.

« La sensation, bien que nous y semblions passifs à nos propres yeux, se révèle à l'investigation la plus positive comme dynamogénique ; née d'une réaction du sujet contre l'action de forces que nous ne connaissons que pour agir à notre tour sur elles, elle est plus encore un aliment qu'une dépense ; elle met quelque chose de ce que, dans le langage des apparences, nous nommons le déterminisme universel, au service de nos fins personnelles et de nos besoins pratiques. Au contraire, l'hallucination, bien qu'elle semble procéder d'une activité spontanée, n'est qu'usure de forces, stérile et impuissante adaptation à un milieu artificiellement restreint : le sujet y est, si l'on peut dire, foncièrement passif de lui-même, il évolue en dehors de la réalité régulatrice et nourrissante, et ne peut paraître un instant victorieux et créateur que pour être finalement vaincu par ce déterminisme des choses qu'on ne violente pas impunément. » (1)

Bref, il y a chez les névropathes un caractère remarqué par tous les aliénistes (notamment P. Janet, Dumas) : ce sont des faibles et des impuissants. Ils sont dans un état de misère psychologique, même quand ils semblent s'élever au-dessus de l'état normal. En fin de compte, leurs tentatives se soldent toujours par un échec et par une manifestation d'infériorité.

Dans l'ordre des phénomènes religieux, nous rencontrons une opposition analogue. Il y a des perceptions religieuses et il y a des

(1) *Bulletin de la Soc. franc. de philosophie.* Janvier, 1906, p. 20.

hallucinations religieuses. Le mécanisme phénoménal des unes ne diffère pas, quant à la description que le physiologiste et le psychologue en donnent, du mécanisme phénoménal des autres. Toutes deux sont des constructions mentales, mais les unes sont des erreurs, les autres sont des vérités. Il y a des expériences religieuses qui apparaissent avec les traits distinctifs des stigmates mentaux. C'est l'analogue de l'hallucination, de la névropathie. Et c'est là « une efférence sans afférence » : ce que le sujet religieux croit percevoir n'est qu'une invention plus ou moins riche de son propre esprit, tirant tout de son propre fond et ne touchant rien de réel, comme ce que crée l'imagination d'un artiste ou le délire d'un aliéné. Au contraire il y a des expériences religieuses qui apparaissent comme des forces spirituelles d'une surprenante plénitude, d'une singulière intégrité, des expériences qui sont créatrices de vie durable, féconde, agrandissante, enrichissante, et qui, physiquement et moralement, réussissent, aboutissent de toutes parts au plus être, des expériences qui ont pour caractère constant de mettre fin aux luttes intérieures, de produire une impression de paix, de conférer des vertus que le sujet n'aurait pu acquérir par lui-même, des expériences qui donnent enfin le sentiment d'une vie plus intense, d'une intelligence plus vive, d'une volonté plus énergique et plus ferme. Voilà l'analogue de la perception, de la perception nourrissante, dynamogénique, d'une réalité objective mystérieusement afférente.

En résumé il y a

« pour servir de base à ce que les théologiens avaient nommé « le discernement des esprits », non pas une, mais *deux* successions possibles d'état liés : un mysticisme faux et hallucinatoire, et un mysticisme vrai c'est-à-dire qui nourrit les forces vives de l'âme, et rend l'action plus féconde, plus universelle. »

A côté du faux mysticisme et de ses extravagances, il y a chez un grand nombre d'hommes un sentiment puissant d'union avec Dieu, qui est calme, qui est sain et qui est bienfaisant, qui a pour effet de créer dans l'âme un foyer nouveau d'activité et de force, d'y produire la paix, la joie, la liberté et l'amour, en même temps que la lumière, et qui ne saurait être assimilé aux tares ou désordres morbides qui se soldent finalement par un échec, qui en tout cas ne produisent aucuns fruits communicables. Quand une chose apparaît capable de donner d'autant plus que plus on lui demande, quand elle dépasse irréductiblement toute saisie qu'on en essaie, quand elle est source qu'on ne saurait tarir, présence qu'on ne saurait éviter, ne doit-elle pas être jugée réelle ?

Donc, il y a dans le domaine religieux, une

perception, la perception d'une réalité qui existe indépendamment de nous, que nous ne créons pas, qui peut être connue de même par différentes consciences. Il y a une perception qui n'est pas celle des sens, dont les sens ne sont pas capables, et qui est donnée non pas à l'intelligence, comme « l'intuition intellectuelle » des philosophes, mais à l'être affectif et volitif, l'être spirituel et moral. Cette perception est un moyen de connaissance normal dans son genre, un moyen d'entrer en relation avec des réalités d'une certaine sorte. Elle est un avantage, une force dans la vie pratique, comme le serait une perception sensible de plus. Et par une telle perception, nous connaissons directement l'être, ce qui est véritablement, par opposition aux objets immédiats de nos perceptions sensibles qui ne sont que des apparences et des symboles derrière lesquels nous avons à situer une réalité vraie qui leur est en définitive hétérogène.

Cette distinction entre une expérience religieuse analogue à l'hallucination et une expérience religieuse analogue à la perception fournit la réponse à des difficultés dans le genre de celle que soulève M. Hébert lorsque, parlant des mystiques, et constatant qu'ils expérimentent un certain état de plénitude spirituelle et d'exaltation morale qui les conduit à la joie et à la sainteté, et que pour expliquer leurs états, ils

supposent la présence réelle de Dieu, il s'écrie :
Pure hypothèse ! Car la clinique mentale nous
apprend que les paralytiques généraux connaissent la joie mystique, et que certains hystéri-
ques ont le délire du scrupule moral... (1) C'est
comme si un philosophe se prenait à dire : il y
a des hommes qui, pour expliquer leurs perceptions sensibles, supposent la présence réelle
d'une réalité extérieure. Pure hypothèse ! Car
la psychologie nous apprend qu'il y a des hallucinations psychologiquement toutes pareilles
aux perceptions et auxquelles ne correspond
pourtant au dehors aucune cause d'excitation.
La similitude psychologique entre l'hallucination et la perception n'empêche pas la perception d'être une hallucination... vraie !

Entre la critique de la perception sensible et
la critique de la perception religieuse on peut
instituer un parallèle instructif :

Ce n'est pas la science, dirons-nous, qui tran-
che, par rapport à l'expérience sensible, la question métaphysique de l'existence et de la nature
du monde extérieur. C'est là une question de
philosophie au premier chef. L'expérience nous
atteste la persuasion où est l'individu d'être en
rapport avec une réalité extérieure dont l'existence ne peut être constatée. Les couleurs, les

(1) M. Hébert. *Le Divin*, expériences et hypothèses, études
psychologiques.

impressions du toucher, les sons, les odeurs, sont des faits ; mais le monde extérieur n'est pas un fait ; sa réalité et son action ne peuvent être considérées comme données, immédiatement et sûrement, dans le sentiment que nous en avons. L'expérience nous fait connaître nos sensations ainsi que les croyances que nous y rattachons, mais elle ne nous donne ni ne peut nous donner la réalité de l'objet ou des objets représentés dans ces croyances, non pas même la réalité de l'activité externe en vertu de laquelle il nous semble que ces sensations se produisent. Qu'est-ce à dire, sinon que l'expérience sensible, pour nous conduire à l'affirmation d'un monde extérieur, suppose la foi ou si l'on préfère l'induction ?

Telle est exactement la position de l'expérience religieuse en face de la réalité de Dieu. Cela est si vrai que, pour parler de l'expérience sensible comme nous venons de le faire, nous avons pu prendre tout simplement les phrases de M. Boutroux relatives à l'expérience religieuse, et nous avons pu les transcrire telles quelles en nous bornant à remplacer l'adjectif *religieux* par l'adjectif *sensible*, et à substituer à *Dieu* le *monde extérieur*. La ressemblance de situation est parfaite.

Continuons donc le parallèle. L'induction par laquelle nous posons la réalité et l'action d'un monde extérieur, si forte qu'elle soit, si naturelle, si légitime, n'est cependant pas immédiatement contraignante. Il n'y a aucun argument logique décisif qui puisse expulser du solipsisme ou sémétipsisme ou égoïsme métaphysique celui qui prétendrait que son moi seul existe : tout au plus peut-on lui faire observer qu'en sa vie pratique il ne se conforme guère à cette vue de théorie et qu'il se conduit journellement comme quelqu'un qui croirait à la réalité de ses semblables et même d'un monde extérieur, quel qu'il soit. En revanche, celui qui, comme Berkeley, consent à accepter l'existence de ses semblables, donne plus de prises à l'argumentation ; on peut lui montrer qu'il est inconséquent avec lui-même, et que le même mouvement de foi qui le porte à croire à l'existence de ses semblables, doit le porter à admettre, comme Leibniz, l'existence d'esprits inférieurs, de plus en plus dégradés et amoindris, derrière les apparences physiques et naturelles. Semblablement celui qui comme Kant déclare que la réalité extérieure est inconnaissable, qu'elle constitue un noumène inaccessible à nos prises et dont l'expérience ne nous révéle rien, puisqu'elle est inévitablement faussée par l'exercice des deux formes de la sensibilité : le temps et l'espace, donne prise à la critique ; on peut lui reprocher d'avoir à tort réuni dans une commune appellation et une commune condamnation l'espace et le temps, on peut lui montrer que cette assimilation ne peut être opérée qu'au prix d'une altération, d'une spatialisation du temps, et qu'il est légitime, indispensable de dissocier le temps de l'espace, d'attribuer au temps, à la « durée vraie » l'universalité et l'objectivité que Kant réserve aux « concepts de l'entendement », de regarder par suite tout ce qui est proprement sensible, spatial comme symbole inadéquat, mais de considérer tout ce qui, étant en soi étranger à l'espace, est temporel, comme fournissant une connaissance adéquate, puisque le temps n'est à aucun degré une puissance déformatrice, de la vraie réalité extérieure qui est en son fond, comme l'a fort bien vu Leibniz, esprit à divers degrés. C'est ainsi que s'établit et se confirme ce qu'on peut appeler l'*idéalisme objectif*, c'est-à-dire la croyance à l'existence et à l'action d'un monde extérieur qui est constitué par une hiérarchie et une harmonie d'esprits.

Parallèlement, dirons-nous, il n'y a aucun argument logique contraignant qui puisse victorieusement déloger de leur position ceux qui nient la réalité et l'action de quelque facteur transcendant derrière l'expérience religieuse. Il y a seulement à observer que, de même que les solipsistes de tout à l'heure ne pouvaient se soustraire pratiquement à la croyance en la réalité et l'action d'un monde extérieur, de même ceux qui possèdent en eux-mêmes une certaine dose d'expérience religieuse ne peuvent se soustraire à la croyance en la réalité et l'action d'une divinité, quelle qu'elle soit. De même que nos perceptions sensibles possèdent un coefficient de réalité externe, une sorte d'indice de valeur indépendante, qui nous fait croire à l'existence de leurs objets, de même on peut dire qu'il y a des perceptions religieuses qui possèdent aussi un coefficient de réalité ou un indice de valeur, mais de valeur ou de réalité *transcendante*, c'est-à-dire dépassant le monde ordinaire perceptible à tous les hommes, et échappant par conséquent à ceux qui n'ont point fait ces expériences spéciales. Et plus dans les hommes religieux ces expériences sont étendues et intensives, moins ils peuvent pratiquement se dérober à cette croyance. Il y a aussi à noter l'inconséquence de ceux qui admettant la réalité d'un monde extérieur pour répondre à la perception extérieure, refusent d'admettre la réalité d'un monde spirituel pour répondre à la perception spirituelle : le même mouvement de foi qui conduit à une affirmation devrait conduire à l'autre. Quant aux agnostiques ou aux panthéistes (1) — cela revient à peu près

(1) Cf. ces mots de M. Sorel dans la discussion de la Soc.

au même — la critique adressée au Kantisme
orthodoxe vaut contre eux : la dissociation de
l'espace et du temps (illégitimement associés
par Kant) conduisant à identifier toute réalité
profonde avec l'esprit, admettre l'existence
d'une divinité réelle et active, c'est admettre
l'existence d'un Dieu-Esprit. Ainsi, il n'y a pas
seulement parallélisme entre la critique de l'expérience ou perception sensible et la critique de
l'expérience ou perception religieuse : elles se
rejoignent finalement et s'accordent à merveille,
grâce à l'induction par laquelle l'expérience religieuse, venant s'harmoniser avec l'expérience
sensible et l'expérience psychique en général,
couronne la hiérarchie des monades par une

française de philosophie sur le mysticisme de Sainte Thérèse :
« Je voudrais appeler l'attention de la *Société* sur une très
grosse question que soulève la mystique. Je me demande si
tout peut être expliqué par des illusions psychologiques, et s'il
ne faudrait pas laisser la porte ouverte à des hypothèses métaphysiques permettant d'attribuer une réalité objective à la
cause des perceptions mystiques.... Il pourrait y avoir quelque
chose d'extérieur qui mettrait en mouvement la sensibilité des
mystiques ; ceux-ci n'ont aucun doute sur la réalité de cet
extérieur et leur témoignage ne saurait être rejeté sans de très
fortes raisons. Les hypothèses dont je parle peuvent être aussi
bien panthéistes que chrétiennes ; je crois nécessaire de laisser
la porte ouverte à de telles explications ; j'estime, d'ailleurs,
que ces hypothèses paraissent de nature à donner la raison de
bien d'autres problèmes que de ceux de la mystique et, notamment, de ceux qui se rattachent aux inventions des hommes
de génie ». (Bulletin de la Soc. franç. de philosophie. Janvier
1906. p. 26).

Monade suprême, Dieu. Ce que l'expérience sensible révèle, ce sont des esprits inférieurs, et ce que l'expérience religieuse révèle, c'est l'Esprit suprême : il ne saurait y avoir deux transcendants plus analogues, plus identiques de nature.

Aussi bien, ce même résultat ne laisse pas d'être atteint par les hommes religieux les plus étrangers à toute critique métaphysique et les plus ignorants du noumène de Kant et des monades de Leibniz. Revenons à notre comparaison avec la perception sensible et la croyance commune à l'existence de nos semblables et du monde extérieur. Est-ce d'un syllogisme que sort la croyance des ignorants à l'existence du monde extérieur ? Non assurément. Ce n'est pas non plus d'un instinct. Suffit-il de dire que les existences se montrent, se constatent ? Cela ne suffit pas non plus. Certes les autres êtres sont dans les données de l'expérience, dans les modifications qui se produisent en nous, autant que nous y sommes nous-mêmes, mais il faut savoir les y découvrir. A ce titre les données de l'expérience sont des signes que nous avons à interpréter, et pour les interpréter il ne suffit pas de les subir en les percevant, il faut trouver en eux autre chose qu'une donnée sensible, et l'on ne trouve ainsi autre chose dans ces signes qu'à la condition de ne pas s'en tenir simplement à ce qu'on voit, à ce qu'on entend, à ce qu'on touche, mais de les traduire d'après ce qu'on aperçoit en soi, pour arriver, par l'intermédiaire de ce qu'on voit, de ce qu'on entend et de ce qu'on touche, à reconnaître des réalités en soi, des sujets, des êtres. Connaître et affirmer l'existence d'autres êtres résulte d'un travail d'*interprétation*. Je sais qu'il existe d'autres êtres pensants, d'autres esprits par les signes de conscience qu'ils me donnent et qu'interprète mon expérience psychologique. Il y a là une induction en quelque sorte spontanée à tous les hommes, mais qui peut suffire aux philosophes les plus exigeants en matière de preuve. On pourra dire, si l'on veut, que ce n'est là qu'une hypothèse, mais c'est une hypothèse dont j'obtiens un tel nombre de vérifications constantes que le doute n'est jamais tenable pour moi.

Il en est ainsi pour les réalités spirituelles. Nous croissons dans la connaissance de l'esprit de Dieu comme nous croissons dans la connaissance des esprits des hommes, en nous familiarisant avec leurs actes. Nous avons en nous-mêmes une conscience personnelle directe qui nous rend capables d'inférer avec confiance que les œuvres et de Dieu et des hommes ne peuvent avoir pris leur origine que dans des consciences analogues à la nôtre. Le procédé d'inférence par lequel je m'élève des œuvres de

l'homme à l'esprit qui a produit ces œuvres,
n'est pas plus légitime, plus simple ou plus
naturel que celui par lequel je m'élève des œuvres de Dieu au Dieu d'où ces œuvres procè-
dent. Hypothèse encore, si l'on veut, mais hypothèse dont l'homme religieux obtient pour soi
un tel nombre de vérifications constantes que le
doute n'est plus tenable pour lui.

Quels sont les signes que l'homme religieux
interprète ainsi ? La nature physique et la conscience morale peuvent déjà fournir la base d'une
induction légitime par laquelle nous nous éle-
vons à un Dieu créateur et conservateur qui,
à la puissance, ajoute la moralité. Le monde
physique révèle la puissance, l'intelligence, la
sagesse et l'habileté de Dieu. La conscience morale révèle la justice, la sainteté, la moralité de
Dieu. Mais si Dieu bornait là son action, se révélerait-il vraiment ? Se révélerait-il d'une façon
religieuse à la piété ? Se révélerait-il comme un
être se révèle à un autre être, une personne à une
personne ? Non. Car l'action créatrice et conser-
vatrice étant constante, uniforme, immuable,
ne me révèle pas véritablement, à moi, un être
vivant, avec lequel je puisse entretenir des rapports de personne à personne. Le concept de la
divinité resterait purement philosophique,
quand bien même on admettrait un Dieu personnel, si ce Dieu était enchaîné aux lois géné-

rales de la nature ou de la raison, si on ne pouvait lui attribuer d'interventions libres et particulières en aucun ordre. Mais à l'expérience psychologique, à l'expérience morale, à l'expérience sensible, s'ajoute une expérience proprement religieuse, où se manifeste l'action vivante, souple de Dieu se comportant dans ses relations avec l'homme comme l'homme lui-même se comporte avec l'homme. C'est cette expérience religieuse qui fournit, dans la prière par exemple, les véritables signes sur lesquels s'appuie une interprétation spontanée chez l'homme religieux ordinaire, réfléchie chez le théologien, par où l'existence et l'action d'un Dieu personnel peuvent être pleinement affirmées.

En conséquence, l'homme religieux ne peut-il pas s'estimer fondé à conclure que, dans son expérience religieuse, c'est bien en effet un Dieu personnel qui se révèle à son âme, un Dieu qu'assurément elle n'atteint que par cette induction qui s'appelle la foi, de même que l'homme ordinaire n'atteint que par induction l'existence de ses semblables ou celle du monde extérieur, mais un Dieu qu'elle atteint par une induction aussi sûre, aussi légitime, par une induction empreinte d'un caractère de certitude d'autant plus profond que l'expérience religieuse, même quand elle passe par l'intermédiaire des sens, ne s'y absorbe pas et ne s'y réduit pas, qu'elle vient de

plus bas et qu'elle va plus haut, qu'elle constitue
une expérience directe du moi, tenant à ce qu'il
y a de plus essentiel et de plus vital dans la personnalité de l'homme, et que si l'expérience
sensible révèle les esprits inférieurs, c'est au
moyen de signes qui leur sont hétérogènes, tandis que si l'expérience religieuse révèle l'Esprit
suprême, elle le révèle par des signes qui lui sont
homogènes, puisqu'ils sont comme lui spirituels ?
Et n'est-il pas aisé de comprendre de ce point
de vue la certitude inverse, celle des individus
humains qui nient l'existence ou l'action de
Dieu ou qui conçoivent cette divinité comme un
X nouménal ? C'est que, ou bien ils ne possèdent en eux-mêmes que peu ou point d'expérience religieuse vraie (1), et alors la base de

(1) C'est en somme ce que reconnaît avec beaucoup de candeur et de sincérité M. Darlu : « Ne serait-ce pas le moment de
tirer la morale de cette discussion ? (discussion sur le développement des états mystiques chez Ste Thérèse) Du moins un
profane en ces matières peut donner son impression. L'histoire
du mysticisme où M. Delacroix vient de nous faire pénétrer
offre le plus grand intérêt ; outre qu'elle est une partie notable
de l'histoire des idées, elle nous fait réfléchir sur nos aspirations intimes, *peut-être sur notre pauvreté spirituelle* ». (Bullet.
de la Soc. fr. de philosophie Janvier 1906, p. 41). — Il y en a
beaucoup qui ne montrent pas la même ingénuité et la même
intelligence et qui nient brutalement ce qu'ils n'ont pas conscience d'éprouver... et ce qu'ils n'ont pas conscience de ne pas
éprouver... Th. Gautier disait : « Je suis un homme pour qui le
monde extérieur existe ». Il y a des hommes pour qui le monde
intérieur n'existe pas ! Il est naturel que la vérité religieuse

l'induction leur manque, — ou bien, s'ils ont
quelque expérience religieuse, leur interprétation et leur induction sont viciées par l'influence
d'une métaphysique formée en dehors de l'expérience religieuse. L'homme religieux comprend
à la fois sa propre situation et celle de ses adversaires, tandis que ceux-ci souvent ne comprennent même pas la leur. Et l'homme religieux
s'afflige, mais ne se scandalise pas de ce fait si
naturel : il n'arrive pas à se faire entendre de
ceux qui n'ont pas vivante au dedans d'eux-
mêmes l'expérience qui lui révèle son Dieu. Si
par preuve on entend un ensemble de signes
desquels on infère la présence d'une réalité
quelconque, l'homme religieux peut dire qu'il
possède au fond de son être une preuve de Dieu,
mais cette preuve n'a et ne peut avoir de valeur
— je ne dis pas comme on le dit parfois à tort :
que pour la seule conscience individuelle de
l'homme religieux — mais : que pour les seules
consciences qui possèdent une réelle et vivante
expérience religieuse, ou qui veulent faire l'effort
d'être intellectuellement fidèles à ce qu'elles
possèdent en elles-mêmes de réelle et vivante
expérience.

Au point où nous sommes parvenus, nous
comprenons fort bien, me semble-t-il, que l'in-

demeure hors de leurs atteintes, elle n'est saisissable qu'à
l'état concret, dans la vie où ils n'ont pas d'accès.

dividu dont les expériences religieuses sont spécialement intenses puisse en venir à être personnellement certain, aussi certain qu'on puisse
être certain de quelque chose en ce monde, de la
provenance divine et surnaturelle de ses propres
expériences (1). De tous les hommes religieux, le
chrétien devrait être le plus certain, puisque
c'est le Christianisme qui marque le point cul-
minant de l'expérience religieuse dans l'humanité, aussi bien au point de vue de l'intensité
qu'au point de vue de la nature intrinsèque.
Mais nous ne saurions oublier que le chrétien
n'est pas toujours à la hauteur de son idéal et
que son expérience est sujette à de grandes oscil-
lations. Nous pourrons dire alors que l'assurance, la certitude intime avec laquelle un chrétien affirme la cause surnaturelle de ses expériences, est en proportion même de l'intensité
de sa vie chrétienne. C'est bien naturel. Plus
les expériences chrétiennes sont nombreuses,

---

(1) L'expérience intense exclut le doute. Cf. par exemple
ces déclarations d'un homme religieux très fervent : « L'évidence de ma vie physique n'est pas plus grande que celle de ma
vie spirituelle, si du moins la paix, l'amour, la joie dans le St-
Esprit sont la manifestation de notre acceptation de Dieu ;
car ces grâces sont en moi et y abondent... Le Seigneur a communication avec l'âme aussi clairement, aussi certainement et
aussi sensiblement qu'un homme a communication avec un
autre homme ; face à face !.... » (Vie de James Brainerd Taylor.
Papiers intimes, 2ᵉ édit. Genève, 1892, p. 112-113, 152-153).

intenses, variées, constantes, plus l'individu possède une base ferme, large, profonde sur laquelle il peut appuyer son induction. Lorsque l'expérience chrétienne atteint un haut degré d'énergie et de force, la certitude est telle dans le chrétien qu'il peut en venir aisément à ne plus voir la différence théorique qui subsiste pourtant toujours entre son expérience et sa foi, et qu'il lui devient très facile d'identifier sa foi avec son expérience et son expérience avec sa foi. Et c'est pourquoi tout en estimant que philosophiquement et psychologiquement ils se trompent, on ne peut que s'incliner avec respect devant les chrétiens qui identifient l'expérience et la foi et refusent de se rendre aux considérations et aux analyses les plus convaincantes. Leur erreur n'est pas en soi invinciblement attachée à leur vie religieuse ; autrement il faudrait désespérer de la vérité et de la vie. Mais en fait, psychologiquement, pour eux, leur erreur est une erreur éminemment respectable ; c'est une erreur de chrétiens très avancés dans la vie religieuse.

Cette erreur, ai-je dit, n'est pas invinciblement attachée à la vie religieuse. En effet, même dans les moments de la plus haute exaltation religieuse, de la vie chrétienne la plus intense, il est parfaitement possible au chrétien de conserver dans son esprit la pensée que théoriquement la distinction entre l'expérience et la foi demeure, sans que cette pensée nuise le moins du monde soit à la foi soit à l'expérience. Ne m'est-il pas possible, en cet instant même où j'écris ces lignes, et sans que cela nuise en rien à la valeur, quelle qu'elle puisse être, de mon effort intellectuel présent, ne m'est-il pas possible de me rappeler qu'à la grande rigueur les lecteurs de ces pages pourraient ne pas exister, que mon moi pourrait être le seul au monde, qu'il n'y a pas de raisonnement déductif capable de forcer dans ses derniers retranchements ce qu'on a appelé l'égoïsme métaphysique, que c'est par une induction, donc — à parler rigoureusement — par une hypothèse que je crois à leur existence? Je puis parler en toute tranquillité d'esprit de ce doute théoriquement irréfutable, parce que j'ai cédé et parce que je cède à l'induction spontanée qui me porte à affirmer l'existence de mes semblables, et que, de cette *hypothèse* là j'ai accumulé dans mon existence passée tant de vérifications que le doute, théoriquement possible, me paraît pratiquement la plus vaine, la plus absurde des chimères. — Il y a quelque chose d'analogue dans le cas de l'homme religieux. Au moment où il est le plus réellement religieux, il lui est possible, sans nuire à son expérience religieuse, d'avoir dans son esprit la pensée que, théoriquement, à la rigueur, cette

expérience pourrait provenir tout entière de son
moi, qu'il lui est impossible de prouver rigoureusement la réalité d'une intervention surnaturelle de Dieu ou du Christ. Il peut parler, comme
je l'ai fait, en toute tranquillité d'esprit et de
cœur, de ce doute théoriquement irréfutable,
il peut en parler, avec sérieux et gravité sans
doute, comme il convient dans une question
aussi capitale, aussi solennelle, mais sans ressentir pourtant un seul moment en soi une crainte
personnelle véritable de voir sa vie religieuse
succomber au choc — il le peut, parce qu'il a
cédé et qu'il cède à l'élan de foi morale qui rattache ses expériences de pardon et de sanctification
au Dieu de Jésus-Christ. Il le peut, parce que,
dans sa propre vie religieuse, il a accumulé tant de
vérifications de son hypothèse, que cette hypothèse a fini par prendre la force et l'aspect d'une
conscience immédiate et instinctive, et que le
doute, théoriquement possible, est devenu pratiquement la plus vaine, la plus absurde des
chimères. Oui, il peut contempler sans crainte
cette chimère ; il sait qu'il ne tient qu'à lui de
la voir s'évanouir, pareille, comme le disait
Lequier à propos du déterminisme universel, à
ces « fantômes formés pendant la nuit d'un jeu
» de l'ombre et des lueurs du foyer, qui tiennent
» immobile de peur sous leurs yeux flamboyants,
» l'enfant, réveillé en sursaut, encore à demi

» perdu dans un songe : complice du prestige, il
» ignore qu'il l'entretient lui-même par la fixité
» du point de vue, mais sitôt qu'il s'en doute, il
» le dissipe d'un regard au premier mouvement
» qu'il ose faire. » De même le chrétien sait
qu'il ne tient qu'à lui de dissiper d'un mouvement
le prestige ; ce mouvement, ne l'a-t-il pas appris
parfois dès l'enfance, guidé par une tendre et
pieuse mère? Il n'a qu'à s'agenouiller devant son
Père céleste et qu'à faire humblement monter
vers lui sa prière. Alors s'évanouissent les om-
bres et les difficultés ; alors si la prière est humble et fervente, il s'écrie avec Pascal : Dieu
d'Abraham, d'Isaac et de Jacob, non des philosophes et des savants. Certitude, certitude. Sentiment. Joie. Paix. Dieu de Jésus-Christ.

Telle est chez le chrétien la réaction perpétuelle
entre l'expérience et la foi : plus la foi est ferme,
précise, inébranlable, et plus elle provoque de
riches et fécondes expériences. Et plus les expériences sont abondantes et intenses, plus elles
suscitent une foi assurée, une foi spontanée,
naturelle, inévitable et presque nécessaire en
quelque sorte, comme l'est, encore un coup,
notre foi à l'existence du monde extérieur et à
l'existence de nos semblables.

Veut-on savoir quand le doute est réellement
dangereux pour le chrétien ? c'est lorsque sa vie
chrétienne diminue, c'est lorsque ses expériences

et sa foi baissent de concert, c'est lorsqu'il se laisse réduire peu à peu au souvenir des expériences et de la foi passées, à la simple mémoire affective, c'est lorsque pour lui, au rebours de la parole de l'apôtre, les choses nouvelles sont passées, et toutes choses sont faites anciennes, c'est lorsqu'il devient un chrétien refroidi, formaliste, intellectualiste, indifférent. Alors, mettez-le brusquement en présence du problème qui nous occupe, il se peut très bien que ce qui lui reste encore de vie religieuse s'effondre à jamais.

« Mais après tout, comme l'a dit un chrétien, M. Léopold Monod, il est juste que si ma vie intérieure s'endort, si le bien-être ou l'amour-propre m'ont envahi, si l'indifférence engourdit et paralyse mes forces, il est juste et il est bon que toute certitude m'échappe et que je me sente chancelant et ne sache plus où me prendre. N'est-ce pas là ce qui me conduira à la vigilance, et, quand je n'aurai pas veillé, à l'humiliation et à la prière ? »

Je disais tout à l'heure que la pensée très nette de la distinction entre l'expérience brute et son interprétation, entre l'expérience et la foi, n'est pas nuisible à l'expérience chrétienne. Je ne disais pas assez ; les belles et profondes paroles que je viens de lire nous mènent tout droit à affirmer que cette pensée est souverainement utile à la vie chrétienne. Elle est faite pour pousser le chrétien à la vigilance, et, quand il n'a pas veillé, à l'humiliation et à la prière. Elle est

faite pour lui rappeler qu'en entrant dans
la vie chrétienne il n'est pas entré dans une
carrière où le premier pas commande et
entraîne fatalement le second et puis, après,
toute la course ininterrompue vers le but.
Elle est faite pour lui rappeler qu'il n'est pas
forcé, qu'il n'est pas fatal que les expériences
religieuses se suivent et se continuent en lui ;
qu'il y doit mettre constamment du sien, qu'il
y doit apporter sans cesse son contingent de foi,
de liberté, de lutte virile, s'il ne veut pas que ses
expériences religieuses peu à peu s'espacent, se
raréfient, se rapetissent, et finalement dispa-
raissent, le poussant, par leur disparition même,
soit à l'intellectualisme stérile, soit à l'incrédulité avérée. Elle est faite pour lui apprendre à
répéter comme St-Paul, avec un saint tremble-
ment : « Je cours, non pas comme à l'aventure ;
je frappe, non pas comme battant l'air... de peur
d'être moi-même rejeté, après avoir prêché aux
autres. »

J'ai nommé St-Paul, mais comment ne nom-
merai-je pas Jésus-Christ ? Pas plus que les prophètes et encore moins qu'eux, Jésus n'a connu de
doute, sur l'origine surnaturelle et divine de ses
propres inspirations et de ses expériences. Il a pu
traverser bien des tentations, des tentations
même de doute, il a pu douter de l'utilité, de la
valeur de ses souffrances et de sa mort, il a pu

interroger Dieu sur le pourquoi de ses mysté-
rieuses destinées, il n'a jamais douté de Dieu ni de
son Esprit, il n'a jamais douté de la voix du Père
céleste dans sa conscience et dans son cœur, il
n'a jamais eu d'hésitation sur le timbre unique
de cette voix. N'est-ce pas dans la pureté de son
cœur, dans la profondeur de ses expériences religieuses, qu'il a puisé cette assurance calme et
paisible, cette certitude inébranlable et constante ? Eh bien! pour le chrétien Jésus est tout
ensemble un exemple et un motif de foi, Jésus
est tout ensemble le modèle et l'auteur d'une expérience religieuse intense, immédiatement productrice de certitude indéfectible, en attendant
qu'elle s'épanouisse un jour dans cette vie éternelle où la foi se transformera en vue et où, suivant la parole de Bossuet, les chrétiens « verront
Dieu à découvert, illuminant tous les esprits par
les rayons de sa face. »

CHAPITRE III

La perception religieuse ne saurait pénétrer
la réalité spirituelle sans mélange sensible, sans
concours physique, sans apport venant de l'or-
ganisme et de la nature matérielle et spatiale.
Pour s'exprimer, l'expérience religieuse a recours, ne peut pas ne pas avoir recours à des
termes empruntés à l'expérience sensible : voir,
entendre, toucher, goûter, sentir. On a souvent
remarqué que lorsque les mystiques décrivent
les délices dont ils jouissent, ils empruntent des
termes à l'amour physique. D'où la nécessité
de dégager la pure donnée spirituelle de la
forme sensible plus ou moins contingente et
inadéquate dont le sujet l'a revêtue ou que le
sujet lui a ajoutée pour la percevoir. Cela est
inévitable, mais ne signifie pas qu'il n'y ait pas
une expérience spirituelle, religieuse, distincte
de l'expérience sensible. Cela ne concerne que
le mode de l'expression. Et si l'on insiste, si l'on

allègue que les mystiques eux-mêmes se rendent parfaitement compte que leurs émotions ne sont point uniquement spirituelles et que le corps en a sa large part, nous répondons que l'expérience sensible peut se mêler à l'expérience religieuse sans anéantir celle-ci et sans l'absorber ou la détruire. Certes, les éléments sensoriels, visuels, auditifs, tactiles, olfactifs, gustatifs, viennent se mêler à l'élément proprement spirituel dans l'expérience religieuse ; mais celui-ci reste l'élément principal et dominateur ; sans lui rien n'est. L'addition des éléments sensoriels le grossit, parfois le complète, parfois le défigure, mais ne le constitue pas.

En proclamant l'existence d'une expérience spirituelle distincte de l'expérience sensible, nous nous séparons du Kantisme orthodoxe, pour lequel il n'y a qu'une seule expérience, l'expérience conditionnée par les formes de la sensibilité, le temps et l'espace. Pour Kant, le temps, extériorisé, spatialisé, imaginé sous les espèces d'un point qui parcourt une ligne droite, indéfiniment étendue dans le sens de l'arrière, c'est-à-dire du passé, et dans le sens de l'avant, c'est-à-dire de l'avenir, se transforme en continuité homogène, et, avec le temps, les faits spirituels, modifiés et altérés dans leur essence comme dans leurs rapports, voilés et défigurés par la forme spatiale qui leur est imposée et qui est hétérogène à leur nature, s'étalent en quelque sorte dans l'étendue sur un seul et même plan, de manière à donner une expérience unique, continue, tout entière en surface, s'éparpillent et se dispersent de telle sorte qu'ils se touchent sans doute encore les uns les autres et qu'ils aient l'apparence d'une suite ininterrompue, mais qu'ils soient pourtant, comme les parties du continu lui-même, les uns hors des autres, sans qu'en aucun d'eux il puisse rien subsister de celui qui le précède et de celui qui le suit. D'une connaissance vraie, d'une connaissance par le dedans, qui les saisirait dans leur être même au lieu de les prendre une fois revêtus des symboles spatiaux qui les cachent et qui les faussent, d'une connaissance profonde qui creuserait en quelque sorte au dessous de l'espace et du temps spatialisé, il n'est jamais question chez Kant ; et pourtant c'est bien sous ce plan que notre conscience nous place, là est la durée vraie prise à sa source et saisie immédiatement. Il faut distinguer des plans d'expérience différents ; l'expérience n'est pas simplement en surface : elle s'étend aussi en profondeur.

Kant assure que toutes nos intuitions sont sensibles. C'est qu'entre l'intemporel et le temps bâtard calqué sur l'espace, il n'admet pas de milieu. Et comme il n'y a pas d'intuition qui nous transporte dans l'intemporel, toute intuition se trouve ainsi être sensible, par définition. Mais entre l'existence physique qui est située dans l'espace et une existence intemporelle qui ne pourrait être qu'une existence conceptuelle et logique comme celle dont parlait le dogmatisme métaphysique, il y a place pour l'existence vraie, pour la pure conscience. Entre l'expérience sensible et je ne sais quelle impossible expérience intemporelle, il y a place pour une expérience qui cherche par delà la contamination spatiale la durée concrète et saisit le réel sous les symboles dont il a été surchargé. Nous estimons avec M. Pillon (1), que Kant a illégitimement spatialisé le temps pour le rapprocher de l'espace, et qu'il faut dissocier de l'espace la durée vraie. Nous en tirons la conclusion qu'il y a donc une intuition suprasensible, une intuition du psychique, par laquelle une prise de possession de l'esprit par lui-même est possible et grâce à laquelle devient possible aussi une expérience de l'Esprit suprême, l'Esprit divin, par l'esprit humain.

Si l'on peut hésiter d'abord à employer comme

(1) Cf. Année philosophique de 1890. (Paris, Alcan, 1891). La première preuve cartésienne de l'existence de Dieu et la critique de l'infini. Voir dans cette même année philosophique p. 227-228, l'indication des points de ressemblance et de différence entre les vues de M. Pillon et celles de M. Bergson.

nous venons de le faire le terme *intuition* qui semble lié à la vision, à l'espace, à la position, à la figure, nous répondrons que les locutions : intuition suprasensible, intuition intérieure, intuition psychique, contradictoires si on prend le mot intuition à la lettre, au sens propre qui est bien certainement spatial, cessent de l'être si on ne donne au mot intuition qu'un sens métaphorique. En somme, il n'est pas plus bizarre de parler d'intuition spirituelle que de parler d'image affective :

« Il est possible, écrivait M. Ribot dans un article récent (1), que le terme « image affective » que nous avons employé plusieurs fois sonne étrangement à quelques oreilles. Cependant, à moins de rejeter toute mémoire du sentiment, il est nécessaire de l'admettre : le développement naturel des études psychologiques dirige vers cette hypothèse. Qu'on me permette sur ce point quelques remarques historiques que je ferai très brèves. A l'origine, la psychologie confuse des images n'indique aucune distinction entre elles ; on en parle *in genere*. Pourtant, il est clair que ceux qui traitent ce sujet ont dans l'esprit principalement — on pourrait dire exclusivement — les résidus des perceptions *visuelles* (2). Ce n'est qu'à la suite d'études détaillées,

(1) Revue philosophique. Déc. 1907. La mémoire affective, p. 600-601.

(2) « Un psychologue professionnel, Th. Reid, nous donne avec tranquillité la définition suivante : « L'imagination signifie au sens propre une conception vive des objets de *la vue* ». Cette tendance à ériger la vision et ses produits en type exclusif de la

œuvre importante de la dernière moitié du XIXe siècle, que l'étude des images s'est modelée, comme elle
le devait, sur celle des perceptions, que l'apport de
chacun de nos sens, fixé sous la forme de souvenirs, a
été traité séparément par les procédés de la psychologie, de la physiologie, de la pathologie et que le rôle
des images auditives, tactiles, olfactives, gustatives,
dans la vie de l'esprit a été déterminé selon l'importance relative de chacun de ces groupes. L'image mo-
trice est d'apparition plus récente, parce que l'étude
du sens musculaire est elle-même tardive... elle n'est
entrée dans la pleine lumière que grâce à la pathologie,
surtout celle des aphasiques. Dans cette investigation
qui a toujours suivi une marche du plus stable au plus
instable, l'image affective devait avoir son jour. Com-
parée à l'image visuelle, elle est comme un antipode.
Il faut reconnaître aussi que bien souvent son apparition est si vague qu'elle ne dépasse guère le seuil de la
conscience, qu'elle est à peine localisée dans le passé
et reconnue. »

Semblablement, dirons-nous, à moins de rejeter toute expérience religieuse et de nier ou
défigurer tout un ensemble imposant et sans
cesse croissant de faits, il est nécessaire d'admettre une intuition spirituelle. Le développement naturel des études de psychologie religieuse dirige vers cette hypothèse. Certes, com-
parée à l'intuition sensible, l'intuition intérieure,

representation se traduit dans la langue courante. Même des
gens réfléchis s'étonnent un peu d'entendre parler d'images ou
d'hallucinations auditives, tactiles, olfactives ». (Note de M.
Ribot).

psychique, est comme un antipode. Mais ce n'est pas une raison pour en contester l'existence. Si on désigne par le mot *intuition* ce qui est une donnée de l'expérience, si l'intuition sensible c'est ce qui est donnée immédiate des sens, si le mot intuition est la traduction du terme allemand *Anschauung* que Kant définit : « Toute connaissance se rapportant *immédiatement* à des objets », c'est-à-dire toute appréhension de quelque chose de donné, on ne peut refuser le nom d'intuition aux données immédiates de l'expérience religieuse. Et l'on ne voit pas pourquoi on ne pourrait pas conserver, en la rectifiant, la doctrine de Kant et reconnaître avec lui deux formes a priori de la sensibilité : l'une relative, transitoire, contingente, de la sensibilité ou intuition externe, l'espace, — et l'autre, absolue, éternelle, nécessaire, de la sensibilité ou intuition interne, le temps. Pour mettre au point cette distinction, il suffit de *déspatialiser* entièrement le temps. En substituant au temps spatial de Kant le temps vrai, la durée pure, il devient exact de soutenir que le temps est au sentiment intérieur ce que l'espace est aux sensations externes, que le temps est la forme du sens interne, c'est-à-dire de l'intuition de nous-mêmes et de notre état intérieur et de tous les états intérieurs analogues au nôtre, que le temps est la forme de l'intuition spirituelle, puisqu'il est ce qui détermine le rapport des représentations dans notre état intérieur, ce qui fait que ce qu'il y a en elles de divers peut être ordonné selon certains rapports. Et l'on pourra ajouter qu'à ces intuitions de la sensibilité interne viennent s'appliquer les concepts ou catégories de l'entendement dont Kant a proclamé à juste titre la valeur absolue pour tous les êtres raisonnables, et que d'ailleurs cette même valeur absolue pour tous les êtres raisonnables doit être aussi conférée au temps vrai, qui, pas plus que les concepts ne donne lieu à de vraies antinomies(1) et ne soulève l'irrévocable verdict du principe de contradiction.

On voit aussi qu'à un autre point de vue

(1) Seul le temps spatialisé donne lieu comme l'espace à des antinomies, mais le temps spatial n'est pas la véritable durée. On sait que c'est en se fondant sur le fait que l'espace et le temps donnent lieu à des couples de propositions contradictoires en elle-mêmes, que Kant arrive à cette conclusion que l'espace et le temps doivent recevoir non seulement l'attribut d'idéalité, mais celui d'irréalité ; qu'ils déforment les impressions produites par le noumène, et livrent aux concepts de l'entendement une matière illusoire, chimérique, inadéquate, qui n'a rien de commun avec la réalité et la vérité absolue. Tout ce que Kant a dit de l'espace est vrai. L'espace donnant lieu à d'insolubles antinomies, est non seulement idéal, mais irréel. Mais il n'en est pas de même du temps vrai. Si l'espace n'a qu'une valeur contingente et relative, le temps vrai a une valeur permanente, absolue et universelle, le temps et tout ce qui s'y rapporte, mémoire, volonté, sentiment, personnalité·

encore, il en est de l'intuition religieuse comme de l'image affective. M. Ribot a fort bien montré comment « dans cette investigation qui a toujours suivi une marche du plus stable au plus instable, l'image affective devait avoir son jour. » De même, peut-on dire, dans l'investigation qui a toujours suivi et qui doit suivre une marche du plus extérieur au plus intérieur, l'intuition religieuse doit avoir son jour. Nous avancions, il n'y a qu'un instant, qu'il y a plusieurs plans d'expérience. Le plan de l'expérience sensible et le plan de l'expérience religieuse sont aux antipodes. Entre les deux il y a place pour l'expérience sociale et l'expérience individuelle humaine qui, mêlées plus ou moins à l'expérience sensible, s'en dégagent plus ou moins. L'expérience religieuse, entre toutes les expériences, est celle qui tend le plus à se dégager et à se débarrasser du mélange de l'expérience sensible. Il faut bien reconnaître que l'expérience sensible la plus extérieure ne peut subsister sans admettre en son sein la forme de la sensibilité interne qui est le temps (succession ou simultanéité). Tous les faits d'expérience sont sujets du temps ; les phénomènes étendus aussi bien que les inétendus relèvent du temps. Aucun fait n'est placé dans l'espace qui ne le soit aussi dans le temps. La juxtaposition suppose la coexistence, laquelle appar-

tient au temps. Et, d'autre part, s'il est sûr
que l'idée de succession est, par sa nature,
absolument indépendante de l'idée d'espace,
quelque étroite association qui s'établisse entre
elles par suite de la spatialisation du temps,
s'il est sûr que l'idée de succession peut exister
dans l'esprit avant toute perception d'étendue,
suivant la doctrine de Descartes, et qu'elle pourrait exister dans un esprit qui serait par hypothèse privé de la perception externe, il n'en
reste pas moins que, dans notre condition
actuelle, il est bien difficile, bien rare, que des
phénomènes temporels ne soient pas à quelque
degré, et sous quelque forme accompagnés de
phénomènes spatiaux, que l'expérience même
la plus spirituelle ne revête au moins partiellement une forme spatiale. Laissant indécise la
question de savoir si l'expérience religieuse
passe toujours et nécessairement tout entière
par l'intermédiaire des sens, nous pourrons dire
en tout cas que, même quand elle y passe et
même si elle y passe toujours, elle constitue
une expérience directe du moi, qui tient à ce
qu'il y a de plus essentiel, de plus vital et de
plus spirituel dans la personnalité de l'homme.

Ces réflexions indiquent dans quel sens l'expérience religieuse mérite d'être appelée une expérience *sui generis*. Elle ressemble à coup sûr à
l'expérience sociale dans ce que celle-ci a de

plus essentiellement spirituel. Et à certains
égards on ne peut pas dire qu'elle mette en
jeu une puissance quelconque de notre être qui
lui soit exclusivement relative. W. James estime
à bon droit que le sentiment religieux n'est pas
un sentiment spécial ou élémentaire, que les
sentiments religieux ne sont que les émotions
de la vie ordinaire dirigées vers une espèce particulière d'objets.

L'expérience religieuse a pourtant quelque
chose de spécial et d'unique parce que, au point
de vue purement psychologique, elle implique
la relation du moi conscient au moi subliminal,
comme le dit W. James, et parce que, au point
de vue proprement religieux, elle ajoute à cette
première relation une relation plus profonde
encore, celle du moi subliminal avec la grande
et ultime Réalité, avec le fond de toute réalité
et de toutes les réalités, avec la Personne
suprême et parfaite de qui tout procède et
qui dirige, inspire, oriente et gouverne tout.
Et l'expérience religieuse a encore quelque
chose de spécial et d'unique, parce que, dans
cette expérience, si l'homme religieux ne peut,
quant à lui, se passer constamment du concours
de l'expérience sensible, la personnalité divine,
différant en cela des personnalités humaines et
des consciences inférieures, agit sur l'homme
d'une façon directement et constamment psy-

chique, intérieure, sans mélange sensible, d'esprit
à esprit. Voilà ce qui constitue l'irréductible originalité de l'expérience religieuse : elle est pour
ainsi dire l'apogée de l'expérience supra-sensi-
ble, elle marque le point suprême de ce que
l'homme, encore engagé dans la forme transitoire de sensibilité spatiale, peut, sous l'influence
transcendante de Dieu, atteindre dans l'écono-
mie actuelle en fait d'*expérience spirituelle pure*.
En un sens, on pourrait dire que la vraie forme
de l'expérience religieuse, c'est Dieu même
conçu comme spiritualité pure, selon la doctrine
de la *Vision en Dieu* empruntée par Malebranche à Saint Augustin et selon la formule de
Malebranche : « Dieu est aux esprits ce que
l'espace est aux corps » (1). Cette formule, vraie

(1) Cette formule est modifiée par Maine de Biran de la façon
suivante : « Dieu est à l'âme humaine ce que l'âme est au corps.
Le corps a des mouvements comme des impressions ou affec-
tions qui lui sont propres ou inhérentes à sa vie, laquelle est
indépendante de l'âme pensante, puisqu'elle est commune à
l'homme et aux derniers des animaux. Le corps est de plus
dirigé, mû par un principe plus haut, par une âme qui veut,
pense ou sait ce qu'elle fait. Il est ainsi un ordre de fonctions
supérieures qui, exécutées par les organes, sont absolument
dépendantes d'une âme pensante, laquelle seule connaît ce
qu'elle opère, le corps ne pouvant le savoir. Ainsi notre âme a
des facultés et exerce des actions qui lui sont propres ou ne
viennent que d'elle, et aussi qu'elle connaît comme lui appar-
tenant. Tant qu'elle use ainsi de son activité propre ou qu'elle
exerce ses facultés cognitives, soit dans son monde intérieur,
soit dans celui des objets, l'âme demeure appropriée à elle-

en tout et partout, puisque Dieu est cela toujours et partout à tous les esprits, est néanmoins spécialement applicable à la religion, relation directe, intime et pénétrante des esprits humains avec l'Esprit suprême.

A un autre point de vue encore, il est vrai de dire que la situation de l'intuition religieuse est analogue à celle de l'image et de la mémoire affective. M. Ribot se trouve obligé d'accumuler les preuves en faveur de l'existence des images et de la mémoire affectives, car cette existence est contestée, niée par maints psychologues. Ainsi en est-il de l'expérience et de l'intuition religieuse. Et l'on peut dire de l'expérience religieuse ce que M. Ribot dit de la mémoire affective, que, par sa nature, elle ne peut avoir la netteté et la fermeté de contour de ce qui est issu d'éléments sensoriels ; et que bien souvent, chez plusieurs individus, son apparition est si vague qu'elle ne dépasse guère le seuil de la

_____

même, sans aller plus loin. Mais elle a de plus des facultés ou opérations qui tiennent à un principe plus haut qu'elle-même, et ces opérations s'exécutent dans son fond et à son insu. Ce sont des intuitions intellectuelles, des inspirations, des mouvements surnaturels où l'âme est désappropriée d'elle-même, tout entière sous l'action de Dieu et comme absorbée en lui. C'est ainsi, c'est par rapport à cet ordre supérieur de sentiments et d'idées que Dieu est à l'âme ce que l'âme est au corps ; mais il ne faut pas vouloir tout ramener à cet ordre supérieur comme ont fait les mystiques. » (Nouveaux essais d'anthropologie, œuvres inédites, t. III, p. 548).

conscience et qu'elle est à peine remarquée.
Mais si cette expérience par laquelle l'homme
religieux prétend entrer en contact avec une
réalité proprement dite, ayant une consistance
intrinsèque, avec la réalité même de Dieu, est
niée par les uns avec autant de conviction
qu'elle est affirmée par les autres, s'il semble
que bien des hommes n'y atteignent guère
dans la vie ordinaire, en pareille matière les
négations ne sauraient détruire les affirmations ;
il s'ensuit seulement que tout le monde ne fait
pas nécessairement les mêmes expériences dans
cet ordre de choses qui ne sont point indispensables à la vie physique. N'en est-il pas de même
en esthétique ? S'il n'est pas d'homme à qui
manque totalement dans le fond toute expérience religieuse, n'est-il pas dans la nature
même des choses que cette expérience qui
exige des conditions de bonne volonté active
et dont par conséquent l'exercice de la liberté
est un facteur essentiel, soit plus ou moins
développée chez les divers individus et que, là
où elle l'est peu, elle puisse passer inaperçue,
se voir méconnue, confondue avec ce qui n'est
pas elle, et pour ainsi dire rabaissée à un plan
inférieur et réduite à l'expérience sensible ?

La correction du Kantisme que nous avons
indiquée ne supprime pas purement et simplement le noumène : elle le remplit. Déterminé

par la forme du temps qui entraîne avec soi les catégories de nombre, de qualité, de causalité, de finalité, de liberté, d'obligation, porteur de la loi morale, agent responsable, sujet affectif, raisonnable et volitif, le noumène deviendra synonyme de l'esprit, de l'esprit personnel. Et, par là, le kantisme se transformera en un monadisme enrichi et précisé. Le noumène ou esprit s'opposera toujours aux phénomènes sensibles ou spatiaux. L'antithèse entre le phénomène et le noumène se transformera dans l'antithèse entre l'espace et l'esprit. Et dès lors l'expérience religieuse nous apparaîtra liée à un Dieu réel, à un Dieu vivant, un Dieu omniscient, libre et personnel. Kant, au contraire, en s'obligeant à chercher la réalité vraie en dehors du temps comme en dehors de l'espace, s'est obligé à chercher la réalité vraie, ultime, fondamentale, ailleurs que dans l'esprit ; car là où il n'y a plus de temps, il n'y a plus d'esprit. Il était inévitable que, malgré d'instructives contradictions, lui ou ses successeurs en vinssent, faisant litière des résultats acquis par Berkeley et par Hume, à chercher la réalité dans cette mystérieuse et inconnaissable substance, dans cette chose en soi qui ne peut engendrer en fait de systèmes que l'agnosticisme ou le panthéisme. Agnosticisme ou panthéisme, destruction ou corruption de l'expérience religieuse,

voilà la conclusion qui attire le kantisme orthodoxe. Seul, un kantisme hérétique, un kantisme
réformé dans le sens d'un néo-leibnizianisme,
peut fournir les bases du théisme, les bases de
la foi au Dieu personnel des prophètes et de
Jésus-Christ.

Un Dieu *personnel*, ai-je dit. L'observation des
hommes religieux montre à quel point l'idée de
personnalité est profondément impliquée pour
eux dans leur vie religieuse et mérite d'être
envisagée comme une catégorie fondamentale
de l'expérience religieuse. « Le pivot de la vie
religieuse est l'intérêt que prend l'individu à
sa destinée personnelle, dit fort bien M. Boutroux, résumant W. James ; les dieux sont des
esprits avec lesquels communique la personne
humaine. » (1) C'est qu'en effet seuls des esprits
personnels avec lesquels la personne humaine
est susceptible de communiquer, sont capables
de diriger efficacement la destinée personnelle
de l'individu. Quelles sont les conditions véritables du développement de la personne humaine ? Pour la sortir d'elle-même, de son
égoïsme fermé, pour l'ouvrir, il lui faut un
objet extérieur qui, tout en étant de même
nature qu'elle, la dépasse par quelque côté,
l'excite à s'agrandir et réalise dans une certaine

(1) Préface du livre de W. James.

mesure ses aspirations intimes ; il lui faut un être capable d'aider la volonté à s'élever au-dessus d'elle-même et en même temps assez analogue à la volonté pour que celle-ci puisse s'y unir et la fondre pour ainsi dire avec sa substance. Il lui faut un point d'appui solide, une personnalité morale et puissante, pour la tirer de l'impasse où elle se débat, se sentant moralement obligée et ne pouvant satisfaire à cette obligation. Affirmer Dieu, c'est chercher et trouver en lui, personne parfaite, notre propre personnalité. L'expérience religieuse, pour l'homme religieux, c'est la relation personnelle avec la personne supérieure. Le rayonnement d'une personne, la sympathie d'une personne, l'amour et la compassion d'une personne, la justice, la vérité, la sainteté vivantes dans une personne, incarnées dans une personne, et par conséquent capables d'être aimées, servies, obéies, crues comme on croit, comme on sert, comme on aime une personne : voilà le dernier fond des aspirations religieuses et des expériences religieuses de l'âme humaine. En fait, l'interprétation agnostique qui fait de la divinité un noumène est aussi éloignée du sentiment religieux concret et vivant que l'interprétation athée qui nie l'existence ou l'action d'un Dieu. C'est comme conscience que l'homme religieux connaît Dieu, comme source vivante de la vie spirituelle qui l'anime, en un mot comme une personne ; et si Dieu ne lui apparaissait pas ainsi, sous la forme d'une unité personnelle, il lui serait impossible de le connaître et d'entrer en relation avec lui ; n'ayant rien de commun avec son être, il lui serait nécessairement étranger. L'expérience religieuse deviendrait impossible à l'homme religieux s'il pensait son Dieu sous une forme inférieure ou étrangère à la personnalité : catégorie logique, principe abstrait, vague substance universelle ou force cosmique diffuse. Il est vraiment impossible que l'on puisse entrer en relations éthiques avec un être impersonnel. Le Dieu de l'expérience religieuse est donc un Dieu personnel réalisant la perfection morale. Et ce n'est vraiment pas faire justice à ce qu'est et à ce que réclame l'expérience religieuse que de se borner à dire, ainsi que le veulent certains penseurs de nos jours : Dieu se conduit envers nous *comme s'*il était une personne, et nous devons nous conduire envers lui *comme s'*il était une personne. Discours auquel il faudrait joindre comme contre-partie celui-ci : Dieu se conduit envers nous *comme si* nous étions des personnes et nous devons nous conduire envers lui *comme si* nous étions des personnes. Car la personnalité de Dieu n'est pas moins impliquée dans l'expérience religieuse que notre propre personnalité. L'expérience religieuse, interprétée par les hommes religieux, ne connaît rien de ces sceptiques et paralysants *comme si* (1)· Elle saisit dans le même instant et par le même acte et la personnalité de Dieu et la personnalité de l'homme. Quelle que soit la conception de la divinité adoptée dans telle ou telle religion, c'est toujours sous forme personnelle que le sujet se représente son dieu ou ses dieux. Plus l'expérience religieuse est intense, éclairée, parfaite, et plus la divinité est conçue avec netteté et distinction comme une personnalité parfaite.

On voit, par tout ce qui précède, se confirmer et se préciser la distinction entre l'expérience proprement scientifique et l'expérience religieuse au point de vue non formel, mais matériel. L'expérience religieuse se rapproche plutôt à ce point de vue de l'expérience sociale, psychologique et même sensible (expérience

(1) Au reste, la psychologie montre que celui qui commencerait par se comporter envers Dieu *comme si* Dieu était une personne, ne pourrait éviter, dans la mesure où son action serait puissante, féconde, prolongée et encouragée à son jugement par une assistance surnaturelle, de finir par être inébranlablement ancré par cette action même dans la conviction que Dieu est en effet une personne. Le *comme si* est un reste de doute — d'incrédulité — qui peut subsister au début, malgré lequel l'action, l'expérience peuvent commencer, mais que l'action, l'expérience, tendent nécessairement à éliminer, qui ne peut coexister à la longue avec elles.

sensible courante). Personnalité, telle est, en effet, la forme de l'être, plus exactement *tel est l'être* — car il est ici impossible de distinguer la forme et le fond, et c'est là le vrai et durable sens du *Cogito ergo sum* que cette alliance indissoluble constatée entre l'existence, la pensée et la personnalité — personnalité, tel est l'être dans le monde de la conscience psychologique individuelle, des relations sociales, voire même de la nature (les hommes primitifs, les enfants sont animistes, leur seul tort c'est de l'être sans critique). Au contraire la science consiste à dépersonnaliser les êtres de la nature. Elle dissout tout ce qui est unité complexe et vivante et l'expérience scientifique a pour but d'isoler artificiellement certains objets de notre conscience du support subjectif sans lequel ils n'existeraient pas. Il suit de là que l'expérience scientifique ne concerne que des extraits, des symboles de faits qui perdent en réalité ce qu'ils gagnent en simplicité et en clarté, tandis que l'expérience religieuse, comme l'expérience sociale et psychique concerne la vie même de l'âme, telle qu'elle est donnée immédiatement à la conscience, la réalité concrète, palpitante et profonde, et tandis que l'expérience sensible courante concerne la vie concrète et complexe des êtres élémentaires de la nature tels qu'ils agissent et réagissent sur nous.

CHAPITRE IV

L'IRRÉSISTIBILITÉ DE LA CROYANCE

Si, en dépit des objections et des difficultés, le chrétien continue et peut continuer raisonnablement de croire à la valeur de son expérience, c'est parce que son expérience elle-même, envisagée en soi, dans sa nature et son contenu, l'y conduit, l'y pousse irrésistiblement.

Certes, à ceux qui contestent l'origine des expériences chrétiennes, le chrétien doit résolument concéder qu'autre chose est l'inspiration au point de vue purement psychologique, ou expérience brute, et autre chose l'appréciation ou interprétation de l'expérience. Cette distinction est destinée à ressortir de plus en plus des études psychologiques. Elle s'impose et s'imposera toujours plus. Et il est urgent, il est indispensable que le chrétien comprenne la distinction, qu'il y consente de bonne grâce, et par suite se garde de vouloir glisser dans l'expérience chrétienne ce qui n'y est pas. Il est urgent, il est indispensable qu'il se rende compte et qu'il reconnaisse ouvertement que l'intervention spéciale de Dieu, le miracle psychique ou spirituel, le miracle-grâce, n'est pas et ne sera jamais susceptible de preuve positive ; qu'il est, qu'il sera toujours possible à la rigueur de le mettre en doute, et, par exemple, de le rapporter à ce qu'on appelle une auto-suggestion. Jules Lequier, le grand défenseur du libre arbitre disait : « Quand on croit de la foi la plus ferme posséder la vérité, il faut savoir qu'on le croit et non pas croire qu'on sait. » De même, dirai-je à mon tour, quand on est le plus immédiatement persuadé de l'intervention miraculeuse de Dieu dans l'expérience, il faut éprouver qu'on le croit et non pas croire qu'on l'éprouve.

Il *faut éprouver qu'on le croit*. Mais précisément cela ne suffit-il pas ? C'est un fait que le chrétien qui est en train de faire une expérience forte, ne doute guère d'ordinaire de la valeur de son expérience et de la transcendance de son inspiration. Et après tout, qui le jugerait ? qui le condamnerait ? Il faudrait, comme on dit vulgairement, *être dans sa peau*. Et on ne voit pas réellement ce que le savant, ou ce que le philosophe non chrétien peut dire de raisonnable au chrétien intelligent qui lui tiendrait un langage analogue à celui que tiennent si souvent les mystiques à leurs adversaires :

« La présence de Dieu dans ma conscience,

je ne puis la définir analytiquement par des mots
ni la traduire avec la précision extérieure du
langage intellectuel que nous faisons selon l'expérience des sens. Plus je veux chercher des
mots pour exprimer ce commerce intime, plus
je sens l'impossibilité de traduire la chose à
l'aide d'images usuelles. Mais elle m'est connue
d'une manière tout autrement profonde que
par les facultés intellectuelles discursives, par
une intuition contre laquelle aucune argumentation et aucun raisonnement ne sauraient pré-
valoir. Si à certains moments la voix de Dieu
paraît si lointaine que je ne sais si c'est elle qui
me parle véritablement ou si je ne suis pas dupe
d'une décevante illusion, à d'autres moments
elle affecte une force étrange et un caractère
de souveraineté tel qu'elle me donne l'impression de la certitude infaillible. S'il y a des heures
sombres où j'ai l'impression de m'enfoncer dans
les ténèbres et de me perdre dans le vide et où
je crois sentir Dieu s'éloigner, c'est pour qu'en
le cherchant je puisse le retrouver tout à l'heure
plus aimant et plus aimé. Le voici. Je puis deviner son approche et comme éprouver son contact, tout ainsi que, dans le silence de la nuit,
l'on entend les pas, l'on touche la main d'un
ami qu'on ne reconnaît pas encore. Il est auprès
de moi, au dedans de moi, au point même où
je me sens le plus intérieur à ma propre vie.

Et c'est une présence mystérieuse, ineffable, singulière, sans analogie avec rien de ce que l'on entend d'habitude sous ce nom. Oui, en m'isolant de tout ce qui est extérieur et en me repliant sur la profondeur la plus intime de ma conscience, j'éprouve avec une incomparable intensité la pénétration brûlante et directe d'une vie où la mienne semble se noyer ou plutôt d'où elle semble surgir ; je me trouve en face d'une force étrange auprès de laquelle ma force n'est que faiblesse, quoiqu'elle soit d'une nature semblable et qu'elle tienne d'elle son essentiel mouvement. Dans une intuition spontanée, vivante et intime, je connais de la façon la plus indiscutable que mon être se mêle à un être qui le déborde et l'enveloppe, à une conscience dont la mienne n'est qu'un faible reflet, à une vie dont ma vie n'est que la continuation et le rayonnement. Vous me traitez d'halluciné, je ne m'en formalise point. Vous ne pouvez me comprendre, parce que vous n'éprouvez point ce que j'éprouve. Vous croyez par votre psychologie atteindre mon expérience, mais vous ne vous doutez pas et vous ne pouvez vous douter que vous n'en atteignez que la surface ; car on ne peut en percevoir la pleine valeur et la portée totale que du dedans, on ne peut en saisir la réalité ineffable qu'en y participant, en effet, par une insertion pratique dans le Christianisme dont elle constitue l'acte vital par exellence. Vous distinguez entre métaphysique et morale, d'une part, et de l'autre psychologie. Comme vous avez raison ! Vous n'avez qu'un seul tort, c'est de ne pas distinguer encore assez. C'est de ne pas vous apercevoir que si votre psychologie est incompétente en métaphysique et en morale, elle est courte et bornée *sur son propre terrain*, elle n'atteint même pas le vrai fond expérimental réel et concret de l'expérience psychologique (1). Si au lieu de chercher à deviner une réalité expérimentale qui vous demeure après tout étrangère, si au lieu de vous évertuer à la reconstituer à l'aide de documents que vous ne comprenez qu'à moitié et d'analogies qui ne sont qu'à moitié exactes, et qui ne sont même pas du tout adéquates à l'état mental authentique du chrétien, vous connaissiez cet état mental par vous-même pour y avoir passé, que dis-je ! pour y être dedans, vous-même, à cette minute précise, vous vous apercevriez tout de suite de la vanité de vos objections. Oui, certes, vous n'avez pas tort de dénoncer la confusion de l'expérience avec l'interprétation de l'expérience, la confusion de l'expérience avec ses facteurs externes. On vous

---

(1) Voir dans le Bullet. de la Soc. fr. de philosophie (janvier 1906) comment M. Blondel reproche à M. Delacroix de « dénaturer tendancieusement les faits eux-mêmes », de n'en donner qu'une « description altérée » (p. 20-21).

accorde tout cela, mais après ? Si vous connaissiez l'expérience chrétienne, j'entends précisément et rigoureusement cela même que vous
appelez l'expérience brute, vous verriez que cette
expérience brute est liée d'une manière si étroite
à la croyance qui l'explique et l'interprète, vous
verriez que cette expérience est rattachée d'une
manière si particulière, si spécifique, si immédiate, à ses facteurs externes, que la distinction
théorique, très vraie en tant que distinction
théorique, est sans importance pratique, car
celui qui fait l'expérience, ne peut pas, tant qu'il
fait l'expérience, douter de sa valeur et douter
de l'objectivité de ses facteurs surnaturels. »

Voilà le langage que peut tenir le chrétien qui
plonge au plus épais et au plus profond de l'expérience religieuse actuelle et vive. *Il éprouve
qu'il croit à l'intervention de Dieu.* Et la grande
objection ou explication des non-chrétiens est
tellement en contradiction non pas seulement
avec sa croyance, mais avec son **expérience brute**
qu'elle ne peut pas ne pas lui apparaître comme
une fantaisie qui ne saurait être prise un seul
instant au sérieux. Que disent les non-chrétiens ?
Ce qu'expose très clairement M. Marcel Hébert
par exemple dans son remarquable ouvrage sur
l'*Evolution de la foi catholique* :

« Le passage du naturel au surnaturel chrétien n'est

qu'une *hypothèse*. Hypothèse que la réalité justifie, dira-t-on. Mais c'est le point contesté ; car il n'est pas d'effort moral que l'on puisse *a priori* déclarer impossible à la nature humaine — ou dont l'on ne trouve le semblable, l'équivalent dans d'autres religions, ou en dehors de toute religion positive... Pour prouver que la foi est surnaturelle, il faudrait... être assuré préalablement que tel degré d' « *héroïsme* » est impossible aux facultés *naturelles* de l'homme. Qui oserait l'affirmer autrement que *comme une hypothèse* ? » (1)

Une hypothèse si l'on veut, soit, une hypothèse en théorie pure ; mais une hypothèse qui n'est plus une probabilité, qui est une certitude pour l'homme qui a pleuré et qui pleure sur son péché, qui s'est senti et qui se sent faible, coupable, impuissant, digne de condamnation, incapable d'énergie morale soutenue, et qui se sent transformé, et qui, tandis qu'il voyait jadis sortir du sous-sol de son être, des couches les plus intimes de son âme, des forces mauvaises, en voit maintenant jaillir des impulsions rédemptrices et sanctifiantes. Le chrétien répliquera à M. Marcel Hébert :

« Vous dites que c'est de mon *subconscient* que sort tout le bien que j'attribue à Dieu. Vous avez raison, sans que moi j'aie tort. Vous ne saisissez qu'une partie de la vérité, tandis que je la possède toute. Assurément tous ces trésors

(1) P. 192-194.

dont je suis enrichi sortent de mon subconscient. Seulement, pour pouvoir en sortir, il faut d'abord qu'ils y aient été. Et qui donc, je vous prie, les y a déposés ? Moi ? je vous remercie de l'estime que vous voulez bien me montrer. Mais, hélas ! je connais par expérience la valeur et l'orientation de mon propre subconscient personnel, je le connais et pas à son avantage, je le connais pour avoir constaté quelles sortes de produits il jetait constamment sur les rivages de ma conscience claire et ce qu'il avait coutume de m'inspirer en fait d'actes, de sentiments, de pensées, avant la crise bénie de ma conversion radicale... Mes semblables ? Je voudrais pouvoir leur rendre l'estime que vous voulez bien me marquer à moi-même. Mais hélas ! je vois ceux d'entre eux qui n'ont pas recours à la grâce divine aussi impuissants aujourd'hui, aussi divisés en eux-mêmes, aussi dépourvus d'unité et de vigueur que je l'étais hier. Vous pensez — continuera le chrétien prenant directement à partie son interlocuteur — vous pensez que votre subconscient, à vous, déborde infiniment de vertu, de puissance, de pureté, de justice, d'amour. Je ne puis faire autrement que de vous plaindre, car je vois que vous ne savez pas, faute d'en avoir fait l'expérience, ce que c'est que le sentiment du péché, et que vous êtes encore intoxiqué de vous-même et de ce que nous, chrétiens, nous appelons *la propre justice*, et que, suivant l'expression de St-Paul, vous êtes encore « morts dans vos fautes et vos péchés ». Tant que vous resterez étranger au sentiment du péché, à l'humiliation, à la honte, au repentir amer, tant que vous n'aurez pas crié avec St-Paul : « Misérable que je suis ! Qui me délivrera ? » ... tant que toutes ces expériences-là, qui sont les expériences morales et religieuses, foncières et tragiques, vous demeureront hermétiquement fermées, il n'y a pas de danger que vous puissiez croire à la valeur de l'expérience chrétienne et que vous puissiez la rattacher à ses facteurs divins. Vos croyances anti-chrétiennes sont fondées sur des expériences moralement critiquables en même temps que psychologiquement superficielles et fausses, ou plutôt elles sont fondées sur l'absence de l'expérience morale et religieuse spécifique. On ne bâtit pas un édifice sur le néant. On ne construit pas une certitude respectable sur l'ignorance. En somme, vous ne vous connaissez pas vous-même. Vous vous faites illusion sur la qualité de votre nature. Pour nous qui avons senti jusqu'à en pleurer notre misère, nous savons bien que ce n'est pas de nous que nous sont venues la force et la paix — comme le tout petit enfant se rend déjà compte à sa manière, pour s'être trouvé parfois dans l'obscurité les yeux ouverts, que ce ne sont pas ses yeux qui font le soleil, et que ce n'est pas de ses prunelles, à elles toutes seules, sans rien dehors, que jaillit la resplendissante et bienfaisante lumière. »

Ainsi le chrétien *éprouve qu'il croit* à l'intervention surnaturelle de Dieu. Et cette expérience-là est comme un pont, une liaison, une transition, entre l'expérience et la croyance. Elle fait comme rentrer la croyance dans l'expérience. Le chrétien *éprouve qu'il le croit*, oui, il l'éprouve, et il éprouve aussi que, quelque effort qu'il essaie de faire en sens contraire, il ne réussit pas à ne pas le croire. Il ne peut pas ne pas le croire. En d'autres termes, il se sent poussé et autorisé à tenir au sujet de son expérience chrétienne le langage que M. Rauh, quant à lui, tenait naguère au sujet de l'expérience morale et de la foi à la liberté :

« Je crois à la liberté et cette croyance est irrésistible. Or, l'irrésistibilité de la croyance est le seul critère que nous ayons de la vérité. Si je crois à l'existence des lois dans la nature, ce n'est pas que je saisisse — Hume et Kant l'ont montré — entre le fait A et le fait B je ne sais quel lien substantiel, transitif, que j'assiste en quelque sorte à la création de B par A. C'est que je ne puis m'empêcher de croire à cette relation. La certitude consiste donc ici et ne peut consister que dans un certain état intérieur irrésistible. Or, si j'accepte ce critère, s'il n'en est pas d'autre concevable quand il s'agit de vérités objectives, je ne vois pas pourquoi je refuserais d'appliquer le même critère quand il s'agit d'une certitude morale intérieure. Je ne puis m'empêcher de croire à la liberté morale quand j'agis : cette croyance est aussi certaine que la croyance à une loi de la nature qui s'impose à moi, quand je contemple les choses. » (1)

Le chrétien, de même, peut s'estimer autorisé à dire : Je ne puis m'empêcher de croire à l'intervention de Dieu. L'irrésistibilité de ma croyance est le critère que j'ai de sa vérité. Faites seulement l'expérience et vous éprouverez vous aussi cette irrésistibilité.

Et si l'on veut bien y prendre garde, cette irrésistibilité constitue une réponse topique à une difficulté qui a déjà été signalée et que M. Delacroix formule ainsi : « Je ne vois pas pourquoi le génie religieux ne partagerait pas la subjectivité des autres formes de génie, ou pourquoi les autres formes de génie ne partageraient pas, si l'on préfère, l'objectivité du génie religieux » (2). On peut répliquer que le génie artistique ou scientifique n'éprouve pas avec la même force et la même constance et la même universalité l'irrésistibilité dont il vient d'être question. Peut-être l'a-t-il éprouvée autrefois : l'ex-

(1) Bulletin de la Soc. franç. de philosophie. La notion de liberté morale, avril 1903, p. 104.

(2) Bulletin de la Soc. franç. de philosophie. Janvier 1906' p. 35.

périence artistique ou scientifique rentrait alors en quelque sorte dans l'expérience religieuse. Il ne l'éprouve plus maintenant. Le progrès de la culture générale et de la psychologie ont enlevé à l'expérience artistique ou scientifique cette irrésistibilité. De nos jours, la croyance à ce que M. Dauriac a appelé l'*athéisme de l'inspiration* poétique est unanime. Au contraire, l'irrésistibilité de l'expérience proprement religieuse subsiste. Elle résiste victorieusement à la critique par laquelle l'autre a été dissoute. N'est-ce pas là l'indice d'une réalité inévitable, d'une vérité indestructible et profonde — et d'une différence inaliénable entre l'inspiration poétique ou scientifique qui ne vient en général que de nous-mêmes ou de la race (bien que nous ne voulions pas nier la possibilité, éventuellement, d'une intervention directe de Dieu) et l'inspiration religieuse qui vient normalement de Dieu même ?

En parlant, toutefois, de l'irrésistibilité de la croyance par laquelle le chrétien rattache ce qu'il éprouve à l'action surnaturelle (1) de Dieu,

---

(1) Par « surnaturel », je désigne l'action singulière de la Providence spéciale intervenant dans le détail même des choses de ce monde, ce que Malebranche appelait les « volontés particulières ». En affirmant le surnaturel, ce que j'entends affirmer, c'est que nos inspirations, les secours que nous puisons à des sources supérieures, influent sur le cours des phénomènes,

j'ai probablement soulevé dans l'esprit de plusieurs une objection : cette irrésistibilité que vous éprouvez, vous, chrétiens, êtes-vous seuls à l'éprouver ? n'y a-t-il pas... excusez le rapprochement... n'y a-t-il pas certains aliénés qui montrent très évidemment par tout l'ensemble de leur conduite et de leurs paroles qu'ils ne peuvent pas résister à l'idée fixe qui les obsède et qui n'est en bien des cas, après tout, qu'une interprétation absurde d'expériences réelles ? Le rapprochement, si peu flatteur qu'il soit pour l'expérience religieuse, est d'autant plus indiqué qu'il n'est pas rare d'entendre les hommes religieux répéter : mon expérience, bien qu'elle puisse présenter des éléments communs avec l'expérience de tels ou tels de mes semblables, ne leur est jamais complètement réductible ; purement personnelle au fond, mon expérience ne saurait valoir que pour moi-même, ma certitude est relative à ma conscience et présente un caractère purement subjectif, elle se fonde sur ce qu'il y a de plus profond et de plus vivant en moi, sur ce que moi seul je connais, sur ce qu'il y a d'essentiellement intérieur à moi-même et ne peut être comprise par une autre conscience que la mienne, surtout pas par

et réalisent des formes d'existence que les seules lois de la nature, physique ou mentale, n'auraient pu produire.

le non-croyant, lequel ne considère que du dehors ce qui ne peut être saisi que du dedans.
Mon expérience et ma connaissance sont subjectives en leur essence. C'est précisément la raison
pour laquelle j'éprouve avec une intensité incomparable la certitude qu'elles me communi-
quent, et si je me trouve ainsi dans l'impuissance de la définir ou de la prouver, il me faut
malgré tout l'affirmer comme une réalité positive et de plus comme la réalité la plus certaine
et la plus puissante qu'il me soit donné de saisir...»... Qu'est-ce à dire, sinon que pour l'homme
religieux — tout comme pour l'aliéné —la pré-
tendue vérité fondée uniquement sur le sentiment individuel, peut fort bien n'être qu'une
apparence trompeuse et un produit fantaisiste
de l'imagination ?

On peut répondre : il ne s'agit dans le cas de
l'aliéné que d'expériences et de croyances individuelles, généralement dépourvues de puissance
contagieuse ou ne manifestant — en mettant
les choses au mieux (ou au pire) — qu'une puissance contagieuse très limitée dans le temps
comme dans l'espace. Ce qui est pure chimère
illusoire, pure hallucination morbide, sans
valeur de vérité, peut sans doute susciter momentanément la foi la plus complète. Mais une
telle foi ne se transmet pas bien loin ; elle ne
rassemble pas beaucoup d'âmes dans une com-

munion qui les vivifie. Il s'agit aussi, dans le cas
de l'aliéné, — les objectants doivent le reconnaître eux-mêmes — d'interprétations absurdes
au regard de la raison commune, et qui ne réussissent pas à s'encadrer et à se classer légitime-
ment dans la masse des expériences et croyances
universelles de l'humanité. Il s'agit enfin d'interprétations non seulement absurdes, mais stériles, quand elles ne sont pas nuisibles, et qui,
ou bien n'intéressent point le développement
de la personnalité, ou bien lui sont positivement
funestes. La foi qu'elles inspirent n'est pas nourrissante ni fructifiante au point de vue moral ;
elle ne produit rien de solide ; elle ne résiste pas
à l'action dissolvante et réductrice de la durée,
à l'épreuve de mise en usage pratique ; elle se
solde toujours en fin de compte par un échec où
se dévoile son caractère mensonger. Au contraire
l'expérience religieuse et son interprétation
s'appuient sur des motifs qui, s'ils ne s'imposent
pas à tous, peuvent être proposés à tous, et
que ceux-là même qui les repoussent ne peuvent,
s'ils sont éclairés et de bonne foi, taxer immédiatement et simplement d'absurdes. De plus
l'expérience religieuse et son interprétation sont
un des plus puissants moyens d'unité et de progrès, donc de santé psychologique, procurent
une bienfaisante cessation d'hésitations et d'an-
goisses, une paix incomparable en même temps

qu'une direction, un élan puissant vers le bien, et manifestent une capacité illimitée de conférer de la force morale. Enfin l'expérience religieuse et son interprétation ne sont pas de simples particularités toutes subjectives et individuelles ; elles sont communicables. Bien que l'expérience religieuse et la croyance qui en dérive apparaissent d'abord sous une forme nécessairement individuelle, l'individu religieux est fondé à proclamer le fait même de l'expérience religieuse commun à toute l'humanité. Et toute forme d'expérience religieuse vraiment supérieure se montre féconde et tend à remplir l'histoire, à grouper autour d'elle des multitudes sans nombre et à s'universaliser en universalisant du même coup son interprétation intellectuelle. Il y a là une irrésistibilité qui possède une vraie puissance contagieuse, susceptible de durer et grandir et de reculer sans cesse les bornes et de l'espace et du temps. L'accord des esprits dans une même croyance, leur accord irrésistible n'est-il pas un critère de vérité ? Une expérience telle que l'expérience religieuse, isolée, pourrait être traitée d'illusion ou de rêverie mystique ; multipliée, et par suite contrôlée, ne devient-elle pas la plus haute certitude à laquelle l'homme puisse atteindre ? Or, l'expérience chrétienne a été et est encore contrôlée tous les jours par des milliers de chrétiens (1).

(1) Cf. ces mots de M. Poincaré : « Ce qui nous garantit l'objectivité du monde dans lequel nous vivons, c'est que le monde nous est commun avec d'autres êtres pensants. Par les communications que nous avons avec les autres hommes, nous recevons d'eux des raisonnements tout faits ; nous savons que ces raisonnements ne viennent pas de nous et en même temps nous y reconnaissons l'œuvre d'êtres raisonnables comme nous. Et comme ces raisonnements paraissent s'appliquer au monde de nos sensations, nous croyons pouvoir conclure que ces êtres raisonnables ont vu la même chose que nous ; c'est comme cela que nous savons que nous n'avons pas fait un rêve. Telle est donc la première condition de l'objectivité : ce qui est objectif doit être commun à plusieurs esprits, et par conséquent pouvoir être transmis de l'un à l'autre ». (*La Valeur de la science*, p. 262).

CHAPITRE V

L'EXPÉRIENCE RELIGIEUSE EST-ELLE UNE ILLUSION NÉE DE LA SUBCONSCIENCE ?

Au point de vue purement *psychologique*, il y a identité parfaite entre l'inspiration religieuse — qui est un autre nom de l'expérience religieuse — et l'inspiration poétique ou en général artistique que les anciens attribuaient à l'action directe et surnaturelle des Muses et des Dieux, et que nous n'attribuons plus aujourd'hui qu'à l'éclosion ou à l'explosion dans le champ de la conscience réfléchie des virtualités et richesses subliminales que le génie porte en soi, dans les sous-sols mystérieux de son être. Si l'inspiration artistique et l'inspiration religieuse ne sont pas psychologiquement différentes, pourquoi aller chercher pour expliquer la seconde un arrière-fond métaphysique dont on a aperçu l'inutilité pour expliquer la première ? Pas plus que la Muse n'inspire le poète, pas plus le St-Esprit, l'Esprit de Dieu, n'a inspiré les apôtres et le Christ, pas plus l'Esprit du Christ n'inspire le chrétien. Inutile d'ajouter au moi conscient du sujet inspiré d'autres moi surnaturels inspirateurs. Il suffit d'ajouter au moi conscient du sujet son propre moi subconscient. C'est le moi subconscient qui inspire le moi conscient, sans qu'il soit aucunement nécessaire de franchir les limites du moi.

De même, au point de vue purement *psychologique*, il y a identité parfaite entre l'inspiration religieuse et certains phénomènes d'hypnose, de suggestion, de médiumnité, de somnambulisme, de télépathie, de possession.

Les livres de M. Flournoy sur le cas de Mlle Hélène Smith (1) contiennent à cet égard bien des données suggestives. Par exemple, dans un de ses somnambulismes, Mlle Smith évoque, suscite un certain Léopold. Léopold, pour Mlle Smith, est un individu réel, distinct et indépendant de Mlle Smith, c'est Joseph Balsamo Cagliostro, fameux thaumaturge du XVIIIe siècle. Pour M. Flournoy, c'est une pseudo-réalité, une sorte de modification d'Hélène elle-même, un

(1) Des Indes à la planète Mars. Etude sur un cas de somnambulisme avec glossolalie. Paris, Alcan, 3e édit. 1900. — Nouvelles observations sur un cas de somnambulisme avec glossolalie. Genève, Eggimann. Paris, Alcan, 1902. (Extrait des Archives de psychologie de la Suisse Romande, t. I, n° 2, décembre 1901).

produit de dédoublement psychologique qui représente un certain groupement de préoccupations intimes et de secrets instincts, auxquels la prédisposition hypnoïde encouragée par le spiritisme a donné un relief particulier et un aspect de personnalité étrangère. Mais M. Flournoy déclare comprendre parfaitement Hélène, et il estime qu'étant donnés son entourage et ses *expériences* personnelles, il est impossible qu'elle ne croie pas à l'existence objective, distincte, de cet être mystérieux qui intervient constamment dans sa vie d'une façon sensible et quasi-matérielle. Dans l'opposition de M. Flournoy et de Mlle Smith ne peut-on pas voir comme un symbole, le symbole de l'opposition entre la science psychologique et la foi religieuse ? M. Flournoy, c'est le savant qui interprète sans surnaturel (sans supercherie ni miracle, comme disait Delbœuf) les phénomènes de l'inspiration religieuse. Mlle Smith, c'est le chrétien ignorant qui ne veut rien entendre ou ne peut rien comprendre et qui persiste dans son interprétation surnaturelle en face des sourires indulgents ou railleurs de la science. (1)

Dans un ingénieux article intitulé : trois visionnaires ou trois voyantes (three seeresses), An-

(1) Cf. dans les mêmes ouvrages les discussions de M. Flournoy avec Mlle Smith sur l'origine de la fameuse *langue martienne*.

drew Lang faisait naguère un piquant rapprochement entre Mme Piper, un fameux médium américain, Mlle Smith, le médium de M. Flournoy, et... Jeanne d'Arc. La comparaison ne tournait pas précisément à l'avantage des deux premières. Les inspirations de l'héroïne de Domrémy laissaient à M. Lang l'impression qu'elles venaient de plus haut encore, ou de plus profond que les messages d'une insignifiance notoire dont les défunts gratifiaient les visiteurs de Mme Piper. Et, de même, la valeur intrinsèque des messages de Mlle Smith ne paraissaient pas plus à M. Lang qu'à M. Flournoy, de nature à faire soupçonner un seul instant que la « volonté du ciel » y fût pour quelque chose. Quant à Jeanne d'Arc, M. Lang déclare que les saintes qui lui ont apparu n'ont pas plus de réalité objective que le Léopold de Mlle Smith ou le Phinuit de Mme Piper, puisque l'une d'elles au moins, Sainte Catherine d'Alexandrie, n'a jamais existé. Mais, ajoute M. Lang :

« Si le mécanisme peut avoir été le même, bien que Jeanne d'Arc n'ait jamais eu proprement de *trance*, à ce qu'il semble, la connaissance fournie par les automatismes de Jeanne d'Arc était bien plus haute... Comment cette connaissance a-t-elle atteint le moi de Jeanne, s'exprimant dans les hallucinations symboliques des saintes et des voix, c'est une question sur laquelle il est prématuré de se former une opinion. Mais certainement ces choses ne se sont pas produites sans la volonté du ciel. Cela au moins doit demeurer ma théorie, quoique je me sente obligé de reconnaître que les apparitions elles-mêmes n'étaient pas plus réelles, plus objectives, que des êtres tels que Léopold et Phinuit. » (1)

S'il n'est pas nécessaire de recourir à des facteurs surnaturels, transcendants, pour expliquer les messages de Mᵐᵉ Piper ou de Mˡˡᵉ Smith, est-il permis d'y recourir pour expliquer les messages de Jeanne d'Arc ? S'il n'est pas nécessaire de recourir à des facteurs surnaturels, transcendants, pour expliquer l'inspiration somnambulique, est-il permis d'y recourir pour expliquer l'inspiration religieuse et l'expérience religieuse? Que faut-il penser de la valeur objective de l'expérience ? Certes l'homme religieux peut bien tenir, quant à lui, ses convictions personnelles pour inattaquables. Mais comment prouverat-il qu'elles sont en effet autre chose que des sentiments subjectifs, des suggestions dues à l'imitation inconsciente, à l'imagination, à l'ignorance, de simples états de conscience nés de certaines conditions physiologiques ou sociales, et teints d'une couleur particulière par des superstitions traditionnelles ?

Il faut aller plus loin. Est-il bien sûr que le

(1) The Anglo-Saxon Review. Edited by Lady Randolph Spencer Churchill. Vol. VI, septembre 1900. John Lane, London, p. 73.

croyant qui se réfugie dans le for intérieur de sa conscience, y soit en sûreté contre toutes les attaques ? Bien des chrétiens, et pas seulement parmi les laïques, bien des théologiens ont été disposés jusqu'à présent et le sont encore, en présence des objections historiques, critiques, métaphysiques dirigées contre leur foi, à se réfugier dans leurs expériences chrétiennes, assurant qu'après tout, quand bien même ils seraient incapables de répondre aux difficultés troublantes soulevées en histoire ou en métaphysique par les adversaires du Christianisme, il leur resterait toujours leurs expériences intimes que rien ne saurait ébranler, leurs expériences qu'ils ne doivent pas à la science ni à la philosophie, et que la philosophie et la science ne peuvent leur enlever, parce qu'elles sont d'un autre ordre. Il leur semble que c'est là une forteresse inexpugnable, et que s'il est fâcheux en un sens, au point de vue social, d'être obligé de s'y renfermer, parce que ces expériences n'ont aucune valeur pour ceux qui ne les ont pas faites, et que, s'y cantonner, c'est renoncer à agir sur autrui par l'apologétique et la prédication, du moins au point de vue individuel la retraite est sûre, la forteresse imprenable et assez forte pour défier toutes les coalitions et tous les assauts de l'ennemi.

Eh bien ! les chrétiens devraient avoir le courage de se rendre compte que c'est là une illusion, ou du moins qu'il y a là une part d'illusion. La psychologie laïque, scientifique, suit le chrétien dans sa forteresse, l'accompagne dans sa retraite, et sans haine, sans colère, sans fureur de blasphème, elle étudie l'expérience chrétienne. Le temps est passé et bien passé où l'on contestait la *réalité* de l'expérience chrétienne. Ce que vous prétendez éprouver, diront les psychologues aux hommes religieux, nous ne doutons nullement que vous l'éprouviez ; ce sont des faits que nous constatons avec vous et que nous examinons avec sympathie. Mais encore faut-il vous rendre compte qu'on n'éprouve jamais que soi-même et les modifications de soi-même. Le reste est affaire d'interprétation, d'induction. Nous ne faisons aucune difficulté d'enregistrer les faits que vous produisez ; nous contestons vos inférences, nous contestons l'attribution de ces faits à des influences surnaturelles. Nous trouvons des phénomènes aussi réels que les vôtres et tout semblables aux vôtres dans l'inspiration somnambulique et dans l'inspiration artistique. Ces faits, vous seriez aussi mal venus à en contester la réalité que nous à contester la réalité des faits de l'expérience religieuse. Mais tous ces faits sont similaires ; ils se produisent d'après les mêmes lois, suivant les mêmes processus. Leurs causes ne sauraient être d'ordre différent. Ils ne proviennent dans aucun cas de causes surnaturelles extérieures ; ils proviennent du moi subconscient.

Ni supercherie, ni miracle ! s'écriait Delbœuf à propos des stigmates d'une extatique. Voilà l'attitude des psychologues non-chrétiens en face des expériences chrétiennes et de l'inspiration chrétienne. Et voilà l'objection redoutable que les progrès même de la psychologie religieuse scientifique sont destinés à faire toujours plus fortement saillir et à laquelle les chrétiens devraient se mettre en mesure de répondre autrement que par une fin de non-recevoir, orgueilleuse ou modeste, humble ou hautaine, peu importe. Il leur incombe de trouver quelque chose à dire, pour autrui, s'ils ne veulent pas renoncer à toute pensée d'apostolat auprès des esprits familiarisés avec les méthodes et les résultats de la psychologie ; et de ces esprits là le nombre est destiné à s'accroître dans de très larges proportions. Il leur incombe de trouver quelque chose à dire pour eux-mêmes, oui, pour eux-mêmes ; car, si on ignore l'objection ou si on ne la comprend pas, à coup sûr on n'en est pas affecté, mais une fois qu'on a saisi l'objection dans sa force, on a beau faire, on a beau recommencer de se réfugier dans ses expériences telles quelles comme si on n'avait rien entendu, on emporte avec soi la flèche du Parthe. On a reçu en soi, malgré qu'on en ait, un élément de trouble, de stérilité, qui peut compromettre l'expérience chrétienne elle-même et nuire à son développement — ou même à sa conservation. Si sans aucun doute il est possible de demeurer quand même chrétien, on doit prendre garde cependant qu'il n'arrive à tel ou tel individu chrétien d'éprouver une fois ou l'autre une difficulté croissante à le rester. Il pourrait y avoir là, le cas échéant, une cause de dissolution de la foi.

Le chrétien, disions-nous dans le précédent chapitre, peut s'estimer autorisé à dire : Je ne puis m'empêcher de croire à l'intervention de Dieu. L'irrésistibilité de ma croyance est le critère que j'ai de sa vérité. Faites seulement l'expérience, et vous éprouverez vous aussi cette irrésistibilité. — On peut reprocher à cette attitude de n'être guère propice à l'apologétique et à l'apostolat, car cette certitude ne vaut que pour celui qui est certain. Elle est irréfutable, mais de valeur toute personnelle, toute individuelle. Et si mon semblable me dit : cela va bien pour vous, mais je ne puis m'empêcher, quant à moi, de croire que ce que vous attribuez à Dieu vient de votre subconscient personnel ou du subconscient social, collectif, nos deux irrésistibilités ne pourront que se regarder, aussi légitimes l'une que l'autre pour celui qui est dans l'état intérieur irrésistible. Et de plus cette irrésistibilité peut suffire pratiquement au chrétien qui est dans l'état d'inspiration forte, qui fait actuellement des expériences intenses, mais lorsque l'inspiration s'affaiblit et que l'expérience vacille, l'état intérieur d'irrésistibilité peut très bien faire place, il ne tarde pas à faire place à un état d'hésitation, de doute. Et alors la distinction théorique entre l'expérience et la croyance, entre l'expérience et ses facteurs externes, et l'explication de l'expérience par un rapport du moi subliminal avec le moi conscient, prennent une importance pratique au premier chef.

Il n'est donc sage ni au point de vue social ni même après tout au point de vue individuel d'en rester simplement à alléguer l'état de croyance irrésistible personnelle. Il faut envisager résolument la croyance en elle-même et se demander si moralement et métaphysiquement elle se présente accompagnée d'un cortège de motifs sinon contraignants, du moins raisonnables et suffisants, de motifs que l'on puisse donner pour recommander la croyance là où l'irrésistibilité ou bien n'existe plus ou bien n'a jamais existé.

En présence de l'objection tirée de la subconscience, l'homme religieux continue et peut continuer raisonnablement de croire à la valeur de son expérience, parce que, ce qu'on lui oppose comme une objection n'est en réalité qu'une conséquence directe de sa foi.

On lui dit : votre expérience religieuse provient de votre subconscient. — Peut-être au premier abord est-il un peu déconcerté par cette assertion, et se demande-t-il avec inquiétude comment il la conciliera avec sa propre conviction intime : Mon expérience religieuse provient de Dieu. Mais en y réfléchissant, il se rend compte qu'en effet *s'il y a un Dieu*, les rapports normaux entre ce Dieu et les êtres humains ne peuvent avoir lieu ailleurs que dans la sphère de la subconscience ; car ces rapports ne sont pas seulement des rapports d'esprit à esprit, mais de créateur à créature. C'est par le fond subconscient de notre individu que nous sommes sans cesse pour ainsi dire raccrochés au Créateur, que notre nature procède incessamment de sa volonté, que nous avons en lui la vie, le mouvement et l'être. La vie religieuse doit donc être une vie qui plonge par ses racines nourricières dans le subconscient, sur lequel seul Dieu agit et peut agir directement. Et alors il est dans la nature même des choses, si Dieu existe et agit, que ce Dieu ne soit pas pour l'homme *un objet d'expérience*. L'origine divine de l'expérience religieuse, qui en est l'origine première, est trop cachée, trop souterraine, pour tomber jamais sous nos prises. Nous ne pouvons remonter plus haut que notre moi subconscient duquel nous voyons sourdre le phénomène en question. Vouloir remonter plus haut, ce serait assister au mystère de notre propre création. Dans notre ignorance, il nous est loisible de nous arrêter là, et de dire : le phénomène ne vient pas de plus loin et de plus haut. Je nie ce que j'ignore. Je nie ce que je ne vois pas. Mais le chrétien a le droit, s'il estime posséder de bonnes raisons pour cela, de suppléer par la croyance à l'ignorance, par la foi à la vue, d'attribuer hardiment le phénomène à Dieu lui-même. Et il est aidé, encouragé, soutenu, dans cet acte de foi, semble-t-il, par la pensée que, s'il y a un Dieu personnel, libre, créateur, et si ce Dieu intervient moralement et surnaturellement, il ne peut intervenir d'une autre manière. L'impossibilité de constater Dieu, de le prendre en quelque sorte sur le fait, l'impossibilité de démontrer son intervention peut être rattachée logiquement à la croyance religieuse en un Dieu créateur et personnel comme une conséquence à son principe. Ce n'est donc pas pour le chrétien une objection.

Il y a à ce point de vue une analogie frappante entre la morale du devoir et la religion, ou si l'on préfère, entre l'expérience morale et l'expérience religieuse. On pourrait la poursuivre sur plus d'un point. Je me bornerai à un seul :

Descartes, pour prouver la liberté, avait invoqué un prétendu sentiment vif interne, l'expérience psychologique morale. Mais ce sentiment ne prouve rien, dit Leibniz. Nous ne pouvons constater notre indépendance, et nous ne nous apercevons pas des causes souvent imperceptibles dont notre action dépend. Il y a dans l'âme une foule de perceptions insensibles, et ce sont elles qui nous déterminent à notre insu. La croyance à la liberté n'est que l'ignorance des éléments subconscients de notre être qui nous déterminent. — En présence de ces allégations, quelle a été l'attitude des partisans modernes du libre arbitre ? Quelques-uns ont persisté à vouloir prouver la liberté par le témoignage de la conscience psychologique. D'autres, plus profonds et mieux inspirés, Lequier, Renouvier, Secrétan, Pillon, ont reconnu avec une parfaite franchise que la preuve cartésienne par le sentiment vif interne pourrait après tout n'être qu'une analyse incomplète des données de la conscience. La liberté, ont-ils dit, ne peut se constater, elle ne peut pas plus s'éprouver que se prouver, elle n'est pas un fait d'expérience ; elle est une croyance ; nous l'affirmons par un acte de foi et à cet acte de foi moral nous suspendons notre existence morale tout entière.

Je vote librement en faveur de la liberté, a dit Secrétan.

Eh bien ! l'analogie est très grande entre cette situation de la foi à la liberté et la situation de la foi à l'inspiration surnaturelle. Faut-il s'en étonner ? Qu'est-ce donc que la foi à l'inspiration surnaturelle, sinon la foi à la *liberté divine* ? Si réellement la liberté divine n'est pas et ne peut pas être un fait d'expérience, faut-il se scandaliser que la liberté divine ne puisse pas en être un non plus ? Si la liberté humaine doit être affirmée par un acte de foi moral, la liberté divine peut-elle, doit-elle être saisie et crue autrement ? Eh oui ! il faudrait la science absolue, l'omniscience tout au moins de ce qui se passe en nous, pour être capable d'administrer la preuve irréfutable de l'existence en nous et de l'action de la grâce ; et cette science, nous ne l'avons pas ; nous ne pouvons pas plus prouver ou éprouver la liberté divine que nous ne pouvons prouver ou éprouver la liberté humaine. Toute la question est de savoir si le chrétien a des motifs moraux aussi suffisants, dans leur genre, pour lui permettre, lui commander d'affirmer la liberté divine qu'il en a pour lui permettre, lui commander d'affirmer la liberté humaine. Il est clair que si le déterminisme était prouvé, il n'y aurait qu'à se soumettre et l'acte de foi par lequel on pose la liberté humaine serait radicalement impossible. Mais à prendre le mot *prouvé* dans toute la rigueur et la plénitude de son sens, ni le déterminisme ni la liberté ne sont prouvés. Non seulement le déterminisme n'est pas prouvé, mais il n'est pas susceptible de l'être. Il est impossible de prouver expérimentalement qu'aucune détermination spontanée et libre n'apparaît au milieu de nos désirs et de nos idées. Pour prouver expérimentalement le déterminisme des pensées, il faudrait qu'il fût possible, étant donné un certain état de conscience décrit avec précision et rigoureusement mesuré, de déterminer sûrement l'état de conscience qui va suivre. Il est clair que dans l'état actuel de la science, les savants sont loin d'avoir atteint un pareil idéal. Rien n'autorise à supposer qu'ils puissent jamais l'atteindre. Allons plus loin. Il est inaccessible en raison même de la nature de l'état de conscience qui est par essence étranger et rebelle à la mesure, spatialement et mathématiquement intraduisible. Les sentiments, les pensées ne se mesurent pas. Il y a hétérogénéité entre la conscience et la grandeur ou l'espace. Et c'est ce qui nous permet de postuler la liberté.

Ces réflexions s'appliquent de tout point à l'inspiration surnaturelle. S'il était prouvé qu'il n'y a pas d'inspiration surnaturelle, que tout ce que l'on peut citer dans cet ordre provient du sujet lui-même et lui seul, il n'y aurait qu'à se soumettre et l'acte de foi par lequel on pose l'inspiration surnaturelle serait radicalement impossible. Mais l'irréalité de l'influence surnaturelle n'est pas prouvée, pas plus que l'irréalité du libre arbitre. Non seulement elle n'est pas prouvée, mais elle n'est pas susceptible de l'être. Il est impossible de prouver expérimentalement qu'aucune émotion n'apparaît au milieu de nos sentiments sous l'influence directe et immédiate de Dieu ; car il est impossible de prouver que toute émotion nouvelle procède de nos états psychiques ou physiques antérieurs uniquement et nécessairement. La question est de savoir si, dans l'impuissance avérée de démontrer ou de constater la liberté de l'homme et celle de Dieu, et dans l'impuissance non moins avérée de démontrer ou de constater la non-existence de cette liberté, on n'est pas autorisé à se fier aux motifs puissants que l'on peut avoir de l'affirmer en dépassant la science stricte par un acte de foi morale.

L'idée de la grâce inspiratrice de Dieu n'est pas plus étonnante en somme que l'idée même du libre arbitre en l'homme. Peu de penseurs croient au libre arbitre du fond du cœur, il faut le reconnaître, sans excepter ici ceux des philosophes qui le professent des lèvres. Mais le jour où l'on reconnaîtrait à la liberté une place réelle dans la vie humaine et dans l'histoire, et où l'on

sentirait bien la portée d'une croyance qui tran-
che à ce point sur tout ce qu'enseigne l'expérience des lois naturelles et tout ce qui se poursuit par les méthodes scientifiques, on trouverait
moins étrange d'accorder que cette idée, profonde et mystérieuse comme l'existence même,
doive être projetée hors de la conscience et étendue au principe du monde. Il n'y a que deux
points de vue possibles au fond, en dépit de la
grande variété des doctrines et des terminolo-
gies : le déterminisme absolu, impliquant l'athéisme ou le panthéisme ; et la doctrine de la liberté, dont la pensée vraie et profonde est l'interprétation de l'univers, de la conscience, de l'histoire et de Dieu à la lumière de ce qui fait la
grandeur, la dignité, et la vie même de l'homme :
la liberté.

Cette analogie entre la morale et la religion,
entre la foi au libre arbitre de l'homme et la foi
à la grâce de Dieu, est précieuse au chrétien,
parce qu'elle tend à assimiler à son expérience
religieuse son expérience morale, et à faire participer son expérience religieuse à la valeur de
son expérience morale. Et il faut voir jusqu'où
va l'assimilation.

S'il est possible, en suivant une indication de
Kant, de trouver dans les conditions mêmes de
l'épreuve morale, dans l'ignorance qu'elle réclame
et implique, comme une lueur, un commence-

ment d'explication, un aperçu, une suggestion tout au moins, qui nous fasse accepter intellectuellement l'impossibilité où nous sommes dans notre état actuel de constater empiriquement la liberté en nous, l'impossibilité de constater empiriquement les limites exactes et précises de la liberté et du déterminisme dans notre âme, et la nécessité de croire à la liberté si nous voulons l'affirmer — à plus forte raison cela est-il possible quand il s'agit de l'action divine. Il y a une utilité morale et religieuse à ce que l'homme ne puisse pas constater empiriquement la liberté surnaturelle de Dieu, le prendre sur le fait, le prendre, si j'ose dire, en flagrant délit. Dieu intervient en nous de telle manière que nous ne puissions pas discerner infailliblement son rôle du nôtre, et dire d'une pensée : elle est à moi, d'une autre : elle est à Dieu. S'il en était autrement, que deviendrait le libre jeu de notre volonté, et, par conséquent, notre responsabilité ? S'il était permis de constater avec précision l'action souveraine du Créateur dans un acte quelconque de notre vie spirituelle, par exemple dans l'acte de la délibération, il n'y aurait plus de recherche, plus d'hésitation, plus de lutte, enfin plus de liberté. La balance se précipiterait d'un côté, et l'homme ne serait plus qu'un organe passif. Assurément il serait plus commode, plus agréable à certains égards que l'action divine pût être directement constatée sans méprise possible ni contestation. Que de choses n'y a-t-il pas dans notre imagination qui seraient plus commodes et plus agréables que celles qui sont en réalité ! Dieu n'a pas voulu nous accorder toutes ces commodités là où notre paresse morale trouverait mieux son compte. Il n'a pas voulu nous dispenser de l'effort viril. Il a voulu que nous mettions du nôtre dans notre vie morale et religieuse. Il nous a traités comme des êtres libres, respectables, moraux. De là vient ce que le grand penseur suisse Vinet appelait l'*inévidence* de la vérité religieuse et morale, *inévidence* dont le respect semble, jusque dans la Révélation biblique, être le principal et grand souci de Dieu. Une action évidente de Dieu eut été irréparablement funeste à la liberté de l'homme : elle l'eut vaincu, non convaincu, et constitué croyant moins la foi. Prenons garde qu'une certaine manière de concevoir l'expérience religieuse et son rôle dans la piété, reviendrait à postuler l'*évidence*. Le chrétien, d'après St Paul, doit marcher non par la vue ni par l'évidence, mais par la foi.

Et je conclus : le chrétien n'est pas troublé par la distinction entre l'expérience proprement dite et l'interprétation métaphysique de cette expérience, l'une s'imposant comme un fait, l'autre se présentant comme une hypothèse ;

car il se rend compte qu'il est *doublement* conforme à une doctrine de liberté que l'action inspiratrice de Dieu ne se puisse expérimenter ni prouver, mais doive être crue. En premier lieu, c'est une action spéciale de la *liberté divine*, et il est dans l'essence même de la liberté d'être chose non d'expérience, mais de croyance. En second lieu, c'est une action qui s'adresse à la *liberté humaine* pour la soutenir, non pour l'annihiler, et la liberté humaine serait annihilée si l'action divine se manifestait trop visiblement comme divine à tous les regards.

Toutefois, si elle doit être et ne peut qu'être affirmée librement, l'intervention de facteurs transcendants dans l'expérience religieuse ne doit pas être affirmée sans motifs. L'objection dont il s'agit : l'expérience religieuse est-elle une illusion née de la subconscience ? doit simplement avoir pour effet de pousser le penseur qui désire y voir clair à surajouter à une étude psychologique consacrée à l'investigation du mécanisme mental des inspirations de tous genres, une étude critique destinée à marquer à ces inspirations diverses leur place et leur importance diverses dans l'ensemble des inspirations humaines.

Une telle classification ne pourrait se fonder sur la forme psychologique des automatismes (1).

(1) On sait que, depuis l'ouvrage de M. Pierre Janet sur

Les automatismes ont tous la même forme psychologique. Il serait vain de contester ce point, de dire par exemple que l'inspiration religieuse est psychologiquement normale et que l'inspiration poétique ou somnambulique est psychologiquement morbide. Ce ne serait pas exact ; il y a des cas où l'inspiration artistique et même somnambulique n'est réellement pas morbide, et il y a des cas en revanche où l'inspiration religieuse l'est bien certainement. Dans cet ordre là, c'est tout au plus si on a quelque chance d'arriver à établir des nuances, des différences de degrés — et encore n'est-il pas sûr que ces différences soient irréversibles. Il est plus exact de reconnaître que l'on peut appliquer à la question de l'inspiration religieuse ces mots de M. Ribot recherchant les différences qui peuvent exister entre l'obsession saine et féconde de l'inventeur et l'obsession stérile et délirante du malade : « En réalité, la psychologie pure est incapable de découvrir une différence positive entre l'obsession créatrice et les autres formes, parce que, dans les deux cas, le mécanisme mental est, au fond, le même. » Tous les automatismes sont psychologiquement pareils, et la scien-

l'*Automatisme psychologique*, on a pris l'habitude de désigner par *automatisme* le contraire de l'activité volontaire ou réfléchie.

ce psychologique, science du relatif, ne peut entreprendre de dépasser cette sphère de relativité ; elle doit, sans se prononcer pour ou contre une hyperexistence quelconque, se borner à décrire et comparer les phénomènes, à en poursuivre une explication génétique.

Mais, psychologiquement pareils, les automatismes diffèrent les uns des autres et profondément au point de vue de leur contenu, de leur fond. Ces différences sont des différences de valeur. C'est ce que dit encore M. Ribot ; car après avoir déclaré qu'entre les obsessions créatrices et les autres formes d'obsessions la psychologie pure est incapable de découvrir une différence positive, il continue : « Le criterium doit être cherché ailleurs. Pour cela, il faut sortir du monde intérieur et procéder objectivement ; il faut juger l'idée fixe non en elle-même, mais par ses effets. Que produit-elle dans l'ordre pratique, esthétique, scientifique, moral, social, religieux ? Elle vaut ce que valent ses fruits. » (1) Les automatismes diffèrent donc en valeur. Or, suivant une juste remarque de M. Flournoy (2), qui dit valeur, dit forcément appréciation morale ou sociale, et par conséquent téléologie, phi-

(1) Essai sur l'imagination créatrice, p. 74.

(2) Nouvelles observations sur un cas de somnambulisme, p. 252.

losophie de l'histoire, et en fin de compte, méta-physique. C'est donc au point de vue logique, rationnel, moral et métaphysique qu'il faut se placer si on veut juger les automatismes quant à leur contenu. Non seulement il est permis, mais il est inévitable de se placer à ce point de vue rationnel, moral et métaphysique. La psycho-logie n'étudie que la *forme* : la critique ration-nelle, morale et métaphysique juge le *contenu*.

Il y a des automatismes dont le contenu est tel qu'il n'y a pas lieu de songer sérieusement à les attribuer à une influence surnaturelle : exemples : les automatismes de Mlle Smith, la plupart des révélations prétendues des spirites. Il y en a d'autres dont le contenu est tel qu'il peut être permis, légitime de les attribuer à une influence divine ; exemples : d'après M. Lang, les inspirations de Jeanne d'Arc, d'après les chré-tiens, les expériences et inspirations chrétiennes.

On peut en somme distinguer trois étapes successives dans l'appréciation critique des automatismes :

1° L'étape *logique et rationnelle* : les auto-matismes sont divers, et une critique transcen-dante à la psychologie pure, une critique conçue en fonction de principes extérieurs et supérieurs à la psychologie et aux automatismes, inspira-tions, ou expériences qu'elle étudie, peut émet-tre des jugements comparatifs portant sur le

caractère logique et rationnel des inspirations
diverses. On peut dire qu'en un sens la psychologie ne s'occupe pas de distinguer le vrai du
faux, elle ignore même cette distinction, elle
étudie les phénomènes comme des faits naturels,
quelle que soit leur valeur probante ; pour elle
un mauvais raisonnement vaut autant qu'un
bon ; ses lois, qui sont des lois naturelles, des
consécutions uniformes de phénomènes, s'appliquent aussi bien aux raisonnements les plus
justes qu'aux sophismes les plus grossiers ; elles
expliquent également les découvertes de l'homme de génie, les imaginations du déséquilibré
et les divagations du fou. Même elle aperçoit
entre les processus psychologiques du fou et de
l'homme de génie une analogie étroite qui lui
fait conclure à une affinité entre ces deux formes
extrêmes de l'esprit. L'explication du fait de
l'invention appartient à la psychologie. Mais
l'invention, comme fait psychologique, n'est
pas plus vraie que fausse. Les mêmes lois psychologiques expliquent les inventions scientifiques les plus fécondes, et les innombrables
essais de démonstration du postulatum d'Eucli-
de. Qu'est-ce qui distingue l'invention *vraie* ?
C'est qu'on peut après coup la démontrer, tout
au moins la justifier logiquement, rationnellement. Les lois logiques et rationnelles sont des
lois idéales, des règles ou normes que la pensée

peut violer, qu'elle ne viole, en fait, que trop
fréquemment, mais qu'elle doit observer pour
être conséquente ou vraie. La logique et la raison ne disent pas : c'est ainsi que l'on pense toujours, ou même le plus souvent ; elles disent :
c'est ainsi que l'on *doit* penser, si l'on veut penser normalement et correctement. Il y a dans les
lois de la logique et de la raison un élément idéal
et normatif, une notion de valeur qui est totalement absente des lois psychologiques ; cette
notion de valeur est celle du vrai et du faux.
Pour juger de cette valeur, il faut regarder les
idées autrement que comme des phénomènes
psychologiques, il faut les regarder comme jus-
ticiables d'une logique et d'une raison qui déterminent les conditions de la preuve. (1) — Les
empiristes purs qui nient l'existence d'une logique et d'une raison antérieures et supérieures
à l'expérience, peuvent assurément interdire
à la logique et à la raison de juger et de légiférer,
sous prétexte qu'il y aurait cercle vicieux à
ériger en juges de l'expérience une logique et
une raison qui dérivent de l'expérience elle-
même, expérience individuelle ou expérience

(1) Logique des sentiments, par Ribot, p. VI-VII. Couturat,
La Logique et la philosophie contemporaine. Revue de métaphysique et de morale, mai 1906, p. 320-323, 325, 326, 327-8.
Luquet, Logique rationnelle et psychologisme. Revue philosophique. Décembre 1906, p. 606, 607, 608.

sociale. — Mais cette théorie ultra-empirique est la négation de tout idéal logique, rationnel, scientifique ; elle réduit la vérité à la croyance subjective, actuelle, et transitoire. Le vrai, c'est ce qu'on croit — pour celui qui le croit, et aussi longtemps qu'il le croit. Ainsi ce qui est vrai pour Pierre peut être faux pour Paul, ce qui est vrai aujourd'hui peut être faux demain. C'est la négation même de la notion de vérité. Nous ne voyons aucune raison pour sacrifier le rationalisme kantien ou néo-kantien à l'empirisme pur.

2º L'étape *morale* : les automatismes sont divers, et une critique transcendante à la psychologie pure, une critique conçue en fonction de principes extérieurs et supérieurs à la psychologie et aux automatismes, inspirations, ou expériences qu'elle étudie, peut émettre des jugements comparatifs portant sur le caractère social, moral, des inspirations diverses. — On objecte encore, il est vrai : au fond, dans la question du critère de la valeur des automatismes, on roule dans un cercle vicieux. Je juge de mes automatismes d'après mes conceptions morales. Mais ces conceptions morales elles-mêmes proviennent d'expériences. Je juge donc de la valeur de mes expériences par mes expériences. Le jugement moral, produit de l'expérience, ne peut juger l'expérience d'où il dérive. Puisque nos expériences et nos jugements moraux se réflètent réciproquement, ceux-ci valent précisément ce que valent les expériences dont ils sont à la fois l'expression et le soutien. A parler rigoureusement, aucun jugement de valeur n'est plus possible. Le jugement du philosophe ou du théologien qui apprécie des expériences étrangères à son milieu et à lui-même, n'est qu'en apparence un jugement de valeur, car il revient simplement à dire que celui qui juge ne possède pas en lui-même ces expériences, et que, s'il les possédait au lieu de celles qu'il possède, il jugerait autrement, enfin que ces expériences ne sont pas les siennes et que leurs éléments constitutifs ne pourraient cadrer avec les expériences d'après lesquelles il juge. — A ces observations on peut répondre : le cercle vicieux signalé existe dans le point de vue de l'*empirisme* moral, qui est bien celui de W. James, par exemple ; il n'existe pas dans le point de vue kantien ou néo-kantien, dans le point de vue du rationalisme moral. Nous croyons pour notre compte qu'il y a dans la constitution humaine, et même dans la constitution de tout être raisonnable, pour parler comme Kant, des principes moraux, des lois morales qui ne résultent pas de l'expérience morale, qui la précèdent logiquement, qui lui sont supérieures, qui la conditionnent et qui la rendent possible. Et l'objection même que nous avons relevée nous confirme dans cette persuasion en nous montrant le cercle vicieux, c'est-à-dire l'arbitraire et même le scepticisme où doit conduire naturellement le pur empirisme moral : oui, s'il n'y a en nous en fait de conceptions morales que des conceptions produites par l'expérience, comment juger l'expérience à l'aide de ces conceptions ? Mais il y a d'autres conceptions que celles-là, et par suite le jugement de valeur est autre chose qu'une pétition de principe.

3° L'étape *religieuse* : les automatismes une fois appréciés logiquement, rationnellement et moralement dans leur contenu, il faut encore les interpréter métaphysiquement quant à leur origine et à leur cause. — Là encore on pourra objecter que la critique religieuse des automatismes est une illusion, un cercle vicieux, que les principes prétendus extérieurs et supérieurs aux expériences religieuses en dérivent effectivement, et que, par exemple, tel jugement de valeur apparent porté par un chrétien sur les expériences bouddhistes ou mahométanes se réduit à ce jugement de fait : je ne suis ni bouddhiste ni mahométan. — Mais là encore nous répondrons qu'il y a, encadrés et intégrés dans les principes logiques, rationnels et moraux, des principes métaphysiques recteurs que l'on peut induire et déduire des données immédiates de la nature physique et de la nature spirituelle, qui peuvent servir de critères et permettre des jugements comparatifs portant sur le caractère plus ou moins religieux des inspirations diverses.

En somme donc, si le miracle-grâce, le miracle spirituel n'est pas susceptible de preuve positive, il n'en reste pas moins que le miracle-grâce, le miracle inspiration peut être l'objet d'une foi légitime, comme postulé par la morale et la religion. Par la *morale* et la *religion*, c'est-à-dire que l'induction par laquelle on interprète religieusement l'expérience s'appuie :

1° Sur la foi au bien, au devoir, à l'obligation, à la responsabilité, à la liberté — et sur la constatation franche et sérieuse du mal moral dans toute sa réalité et son étendue ; ces prémisses morales sont indispensables pour établir des jugements de valeur éthique, pour apprécier moralement les inspirations et les expériences. Avec celui qui, étranger lui-même aux expériences religieuses, contesterait ou récuserait par dessus le marché ces prémisses morales, on chercherait en vain à causer fructueusement de l'interprétation et de la valeur morales des expériences religieuses.

2° L'induction par laquelle on interprète religieusement l'expérience s'appuie sur la foi en l'existence d'un Dieu personnel, intelligent, moral, saint, juste et bon — d'un Dieu libre, capable d'intervenir et disposé à intervenir miraculeusement dans les âmes. Ces prémisses religieuses, métaphysiques, sont indispensables pour interpréter religieusement les inspirations et les expériences. Avec celui qui, étranger lui-même aux expériences religieuses, contesterait ou récuserait par dessus le marché ces prémisses métaphysiques, on chercherait en vain à causer fructueusement de la valeur religieuse et de la transcendance des expériences religieuses.

On peut ajouter que la supériorité morale de certains automatismes peut servir de base à une induction par laquelle on les rattache à l'influence directe d'un Dieu personnel ; elle peut même transformer en un véritable *postulat* moral leur interprétation religieuse. En effet, la confiance qui dépasse l'expérience brute et lui donne une interprétation surnaturelle, vraie ou fausse métaphysiquement, fait psychologiquement partie intégrante de la vie chrétienne et lui est indispensable. On ne peut l'éliminer sans éliminer l'expérience chrétienne. D'où résulte cette conclusion : si l'expérience chrétienne nous paraît devoir être maintenue, valoir d'être conservée, mériter d'être recherchée et développée, si pour des raisons morales supérieures nous voyons dans la vie religieuse, dans la vie chrétienne, la réalisation de la vie suprême et vraie de notre être, nous voudrons

conserver et maintenir la croyance, la confiance
sans laquelle la vie chrétienne disparaîtrait.
Qui veut la fin, veut les moyens. Qui doit la fin,
doit les moyens. Si la vie chrétienne nous apparaît comme la vie morale la plus haute et la plus
vraie, nous nous refuserons à admettre que la
croyance, la confiance qui en est l'âme, soit une
erreur ou un mensonge. On connaît l'arbre à
ses fruits. Il y a là un parti-pris, si l'on veut,
mais un parti-pris légitime parce qu'il est moral,
et qui consiste dans l'espèce à se dire : « Je veux
croire que mes expériences religieuses viennent
du Dieu personnel et libre ; quand même je ne
puis constater ou prouver qu'elles ont une origine surnaturelle, je vivrai comme si cela était
vrai, je croirai que cela est vrai, car la vie qui
découle de cette persuasion, vaut moralement
la peine d'être vécue. »

Telles sont les bases d'une critique rationnelle,
morale, religieuse, des expériences, qui peut
rendre, pour l'homme religieux, légitime et raisonnable la croyance qui attribue telles inspirations à tels facteurs transcendants. (1)

_____

(1) Si on voulait être tout à fait complet, il ne faudrait pas
manquer d'ajouter à la critique logique, rationnelle, morale,
métaphysique, une critique historique, indispensable à coup sûr,
puisque dans toute religion positive les expériences religieuses
individuelles sont toujours soit ressenties, soit interprétées en
fonction de certains faits historiques déterminés et de certains

Certes, dans un chrétien, dans un homme qui a déjà fait des expériences chrétiennes, j'admets parfaitement qu'en certains cas ce soient ses expériences chrétiennes qui soutiennent et confirment en lui la foi à la morale et à Dieu. Car, dans un chrétien véritable, ces trois choses sont solidaires : expérience, morale, métaphysique, se confèrent un mutuel appui. Chacune d'elles appuie les deux autres et en est réciproquement appuyée. Mais en présence d'un non-chrétien qui conteste la valeur et le caractère surnaturel de l'expérience chrétienne, comment le chrétien

écrits. Mais, on ne doit pas oublier que ce qui fait la valeur religieuse des faits historiques, c'est la signification morale et religieuse qui les traverse, c'est leur caractère de conditions, d'éléments ou de conséquences d'expériences religieuses authentiques. Et on ne doit pas oublier que ce qui fait la valeur religieuse de ces écrits, c'est qu'ils se présentent à nous comme les documents de certaines expériences religieuses déterminées. A ne considérer une religion que du dehors, comme un ensemble de faits historiques, on échoue à en apercevoir le sens et la portée ; pour la comprendre, c'est du dedans qu'il faut l'envisager, dans l'idée que les faits réalisent et qui déborde infiniment la matérialité des faits. En définitive, la critique historique tient le milieu entre l'étude psychologique — étant aussi incapable qu'elle d'émettre à elle seule des jugements de valeur et de transcendance, et la critique logique et rationnelle, — se bornant comme elle à critiquer l'expérience religieuse par le dehors (dans un cas, la matérialité du fait, dans l'autre la cohérence logique de sa traduction intellectuelle et sa rationalité). Ce qui pénètre véritablement dans l'essence même de la réalité étudiée, ce qui est au premier rang dans la critique des automatismes, c'est l'appréciation morale et religieuse.

se défendra-t-il et comment passera-t-il de la défensive à l'offensive, sur quoi se fondera-t-il pour persuader à l'objectant qu'il doit lui aussi rechercher pour son propre compte de telles expériences, s'il ne met en avant des considérations morales et métaphysiques ? Il faut bien que ce qu'il y a de surnaturel, de spécifique dans la vie chrétienne vienne s'appuyer sur une base naturelle, universelle, sur ce qui constitue l'homme, tout homme comme tel ; il faut bien qu'il y ait des points de rattachement entre la nature humaine et l'expérience chrétienne.

L'expérience chrétienne ne saurait donc dispenser le chrétien, surtout l'apologiste et le prédicateur, de la morale et de la métaphysique. Il serait souverainement imprudent de leur part de paraître les dédaigner, ou de prendre leur parti d'y être inférieurs, empruntés. Par exemple, ils doivent être capables soit au point de vue moral, soit au point de vue métaphysique, de mettre en relief dans les expériences religieuses diverses soit les lacunes et les erreurs, soit les splendeurs et les vérités. Ils doivent être capables de montrer, sous les expériences religieuses diverses, avant elles comme leurs conditions, après elles comme leurs conséquences, des principes métaphysiques différents tantôt justes et féconds, tantôt stériles et faux. Ils doivent être capables, tout en accordant la similitude psychologique formelle, de présenter comme essentielle et absolue la différence morale et métaphysique qui sépare des expériences et inspirations polythéistes et panthéistes, les expériences et inspirations hébraïques et chrétiennes.

CHAPITRE VI

Le chrétien croit et continue de croire à la valeur de son expérience, parce qu'il trouve dans la variété même des expériences religieuses de l'humanité une confirmation de son expérience religieuse particulière et un indice de l'existence et de l'action certaine de Dieu.

Dans un chapitre précédent, je faisais observer que l'individu religieux est fondé à proclamer le fait même de l'expérience religieuse commun à toute l'humanité, et que toute forme d'expérience religieuse vraiment supérieure se montre féconde et tend à s'universaliser en universalisant du même coup son interprétation intellectuelle : irrésistibilité qui possède une vraie puissance contagieuse, susceptible de durer et grandir et de reculer sans cesse les bornes du temps et de l'espace. L'accord des esprits dans une même croyance, leur accord irrésistible n'est-il pas un critère de vérité ?

A ce langage un objectant peut répondre :
Cet accord que vous alléguez, ce prétendu accord
des esprits dans une même croyance religieuse
existe-t-il réellement, suffisamment ? Il existe
à l'intérieur de certains groupes fermés et jusqu'à présent à peu près irréductibles (groupe
chrétien, groupe bouddhiste, groupe mahométan, etc.), mais d'un groupe à l'autre ? Si l'expérience religieuse et son interprétation ne demeurent pas purement individuelles, si elles devien-
nent et tendent toujours plus à devenir collectives, elles ne sont pourtant pas universelles, ou
du moins elles le sont en ce sens qu'il y a partout des expériences et des croyances religieuses,
mais ce ne sont pas partout les mêmes. Historiquement, il y a, suivant l'expression même de
W. James, une grande « variété d'expériences
religieuses » dans toutes les religions ; et si l'expérience chrétienne suffisait à prouver la vérité
du Christianisme, l'expérience mahométane,
bouddhiste, fétichiste, ne pourrait-elle pas servir à prouver de même la vérité du bouddhisme,
du mahométisme, du fétichisme ? N'y a t-il pas
dans toutes les religions des hommes religieux
qui pourraient tenir un langage semblable au
vôtre, alléguer eux aussi leurs authentiques expériences, et se déclarer irrésistiblement conduits à leur donner l'interprétation métaphysique qu'ils leur donnent ? Qui décidera entre

ces diverses irrésistibilités ? Et comment ferons-nous si elles sont non seulement différentes, mais contradictoires ? Si chacun se cantonne dans sa propre irrésistibilité, chacun pourra demeurer tranquille et satisfait, ce qui sera assurément un grand point aux yeux d'un éminent psychologue qui a dit quelque part : « l'essentiel, c'est que tout le monde soit content » (1), mais il faudra renoncer à tout apostolat de propagande, il faudra renoncer à cet idéal d'entente universelle des esprits et des âmes qui n'est pas seulement l'idéal de la raison, mais qui est aussi et doit être celui de la religion, faite pour relier socialement entre eux tous les hommes aussi bien que pour les relier tous individuellement à Dieu.

A entendre certains chrétiens, entre toutes les expériences religieuses de l'humanité, seule l'expérience chrétienne, c'est-à-dire la leur, est bonne, louable, légitime, recommandable, obligatoire : toutes les autres sont fausses, illégitimes, condamnables. D'un côté le bien, la lumière, la vérité ; de l'autre, l'erreur, les ténèbres, le mal. Seule l'expérience chrétienne a le droit d'être rattachée à des facteurs transcendants,

---

(1) Th. Flournoy : F. W. H. Myers et son œuvre posthume. Extrait des archives de psychologie, n° 7 (Juin 1903) (Tome II, 3ᵉ fasc.,) p. 286.

à un Dieu surnaturellement actif ; les autres expériences religieuses sont purement naturelles, proviennent uniquement de l'homme privé de toute assistance divine, ou, si elles trahissent quelque intervention transcendante, ce ne peut être que l'intervention malfaisante de diables et de démons. D'un côté, le ciel ; de l'autre, la terre et peut-être même l'enfer.

Il devient bien malaisé de maintenir cette attitude simpliste quand on se place en présence des faits, quand on constate que ce ne sont pas seulement des chrétiens qui ont envisagé leur expérience religieuse comme parfaite et l'expérience religieuse d'autrui comme condamnable, mais que pareil jugement s'est rencontré et se rencontre ailleurs, dans des cas où c'est l'expérience chrétienne qui est jugée incapable de soutenir la comparaison, quand on constate encore que si, au lieu de s'en tenir à des abstractions et à des généralités, on étudie impartialement des expériences religieuses concrètes, telles expériences chrétiennes prêtent singulièrement le flanc à la critique et telles expériences non chrétiennes contiennent, au milieu de lacunes ou même de vices et d'erreurs, de précieux et admirables éléments de bien et de vérité ; quand on constate enfin que les ressemblances psychologiques, et même, quoique bien moins complètes, les ressemblances morales et spirituelles, sont

telles, entre les diverses expériences religieuses
des diverses religions, qu'il ne peut pas ne pas
paraître arbitraire d'en rattacher une à l'action
surnaturelle d'un Dieu réel, quel qu'il soit, et de
dénier à toutes les autres toute objectivité divine. Dans toute l'humanité Dieu se serait-il
révélé aux seuls Juifs et aux seuls Chrétiens ?
Une semblable prétention suggérera toujours
ces compromettantes questions : pourquoi ne
pas traiter l'expérience chrétienne comme les
autres expériences religieuses et ne pas lui refuser aussi l'objectivité si impitoyablement refusée
aux autres ? Pourquoi deux poids et deux mesures ?

Mais c'est qu'aussi telle n'est point l'attitude
du chrétien éclairé : Oui, dira-t-il plutôt, trai-
tons en effet l'expérience chrétienne comme les
autres expériences religieuses ; ou, mieux, trai-
tons les autres expériences comme l'expérience
chrétienne ; et au lieu de leur refuser à toutes
l'objectivité, accordons-leur l'objectivité à
toutes. Il n'est point d'expérience religieuse absolument vide de Dieu. L'action particulière et
surnaturelle de Dieu est aussi universelle que
l'expérience religieuse elle-même. Les deux termes sont inséparables. Dans toutes les expériences religieuses de l'homme et de l'humanité,
il y a une part, variable, mais indéniable, de bien
et de vérité, et il y a une présence et une action

incontestables de Dieu. Dieu a sincèrement essayé de se révéler partout et à tous dans l'humanité. Dieu n'a laissé et ne laisse aucun peuple, aucun homme sans quelque révélation de lui-même. Lorsque nous contemplons d'un œil religieux l'*histoire d'un individu* quel qu'il soit, ce que nous y trouvons au fond, c'est Dieu, Dieu cherchant inlassablement à se manifester à toute âme, car le St-Esprit travaille et besogne continuellement en tout cœur d'homme ; car toute conscience humaine est perpétuellement soutenue et sollicitée par une action divine qui la cherche toujours et qui la trouve chaque fois qu'elle-même se laisse trouver, gagner et convaincre ; l'athée le plus endurci n'est pas sans avoir, au moins en certaines occasions de sa vie, répondu plus ou moins vaguement aux perpétuelles sollicitations de la grâce, il n'est pas sans avoir, au moins en certaines occasions de sa vie, possédé un rudiment d'expérience religieuse authentique, quelle que soit la forme qu'ait prise en lui cette expérience, et quelle que soit l'interprétation intellectuellement irréligieuse qu'il lui donne. Et lorsque nous contemplons d'un œil religieux l'*histoire de la race humaine*, ce que nous y voyons partout, c'est Dieu, Dieu cherchant inlassablement à se manifester à chaque peuple dans chaque religion. De telle sorte que le vrai langage que devraient tenir

aux autres hommes religieux ceux qui ont le
privilège de posséder l'expérience religieuse
parfaite devrait être tout simplement celui-ci :
« le rayon partiel qui éclaire ton intelligence,
je le possède dans le foyer de lumière d'où tous
les rayons émanent ; le lambeau de vérité que
tu connais et confesses, je le retrouve dans l'Etre
auguste et ineffable qui a dit de lui-même : Je
suis la Vérité. Ma seule prétention est de posséder, harmonieusement réunis, tous les éléments
de vérité, de bonté et de beauté épars dans les
autres expériences religieuses de l'humanité. »

Ainsi, au lieu de l'opposition absolue que certaines théologies ont trop souvent statuée entre
religion humaine et fausse et religion divine et
vraie, nous voyons dans les religions une succession progressive et une hiérarchie. A la lumière
des critères rationnels, moraux et métaphysiques précédemment indiqués, il est possible de
juger de la valeur relative des diverses expériences religieuses de l'humanité. Plus une expérience religieuse est moralement bonne, plus
une expérience religieuse exprime nettement
des relations morales entre l'âme humaine et un
Dieu qui se manifeste lui-même comme un être
réellement moral, et plus cette expérience religieuse est vraie, excellente, et porte les marques
de l'intervention efficace de Dieu. Chaque religion se classe donc d'après son rapport avec

l'idéal moral et religieux. L'expérience religieuse d'Israël apparaît comme le point culmi-
nant de la religion dans l'antiquité, et l'expérience religieuse de Jésus comme le point cul-
minant de l'expérience religieuse d'Israël. Le
Christianisme est la religion définitive, parce
qu'il est la religion parfaite, c'est-à-dire qu'en
lui l'expérience religieuse est adéquate à son
idée et réalise en perfection une communion morale intense et intime entre l'âme humaine et
un Dieu saint, juste et bon, le Père qui est dans
les cieux et qui est en même temps présent et
actif au plus profond des cœurs et des consciences.

S'il était permis d'employer ici des images
empruntées au domaine de la mécanique et de
la physique, on pourrait dire que l'énergie révélatrice tient la ligne de moindre résistance, ou
encore qu'elle se manifeste d'une manière décisive sur les points du globe où les âmes se montrent bonnes conductrices de l'influence divine,
ou encore que l'inspiration divine, productrice
de l'expérience religieuse, apparaît comme un
flot qui monte et que contrarie le mouvement
descendant du péché. Sur la plus grande partie
de sa surface, à des hauteurs diverses, le courant
est converti par l'opposition du péché en un
tourbillonnement sur place. Sur un seul point
il passe librement, entraînant avec lui l'obstacle

qui alourdira sa marche, mais ne l'arrêtera pas. En ce point se trouve Israël. En ce point se trouve le Christ.

S'il était permis d'employer des images empruntées au domaine de la physiologie, on pourrait dire encore : de même que la poussée vitale qui a sans cesse animé l'évolution des formes organiques, dépassant d'ébauche en ébauche le pur animal, a abouti, là où les conditions se sont trouvées propices, à l'apparition de l'homme, de même que, suivant une belle image de M. Bergson, au bout du large tremplin sur lequel la vie avait pris son élan, tous les autres êtres étant descendus, trouvant la corde tendue trop haute, l'homme seul a sauté l'obstacle, de même la poussée révélatrice qui a animé sans cesse l'évolution des formes diverses de l'expérience religieuse, dépassant d'ébauche en ébauche les formes inférieures et grossières, a abouti, là où les conditions se sont trouvées propices, à l'apparition de l'expérience religieuse suprême et normative réalisée en Jésus, et l'inspiration divine a remporté à un moment donné un succès unique, exceptionnel, par un saut brusque de l'homme pécheur à Jésus. L'apparition de Jésus est comme un cran d'arrêt dans l'évolution religieuse enfin parvenue à son terme. Et de même que la vie physiologique s'est transmise à travers les âges paléontologiques sous mille formes diverses dont nous estimons la valeur par leur rapport avec le plein épanouissement de la vie que nous voyons dans la vie consciente de l'homme, de même la vie spirituelle introduite dans le monde par l'Esprit Saint s'est transmise et se transmet encore sous mille formes diverses qui doivent se juger à leur rapport avec la vie toute de sainteté, d'amour et de puissance spirituelle de Jésus.

Mais ces images empruntées à un monde où règne l'aveugle déterminisme des lois, ont l'inconvénient, si justes qu'elles soient par bien des côtés, d'évoquer une conception panthéiste de l'histoire religieuse ; elles ne rendent pas suffisamment ce qu'a de souple, de malléable, de spirituel, de moral, ce dialogue entre deux libertés : liberté de l'homme et liberté de Dieu, qui constitue le fond essentiel de l'histoire religieuse de l'univers.

Il est essentiel de distinguer nettement le point de vue que nous indiquons ici du point de vue panthéiste qui est si souvent celui des penseurs qui étudient avec la plus louable sympathie les diverses religions. Au point de vue panthéiste une même et invariable lumière éclaire les hommes qui la perçoivent sous des couleurs variées; si la lumière ne brille pas partout au même degré, c'est que des nuages peuvent intercepter ses rayons ; la poussée divine, partout

identique à elle-même, rencontrant l'âme humaine, l'impressionne, y produit une expérience
religieuse au fond identique laquelle se traduit
diversement dans les diverses religions. Etant
donnée la variété des races, des traditions, des
éducations et des cultures, la variété des religions est pour ainsi dire fatale. Cette diversité
qui d'ailleurs est superficielle et n'entame pas
l'identique fond religieux, n'est pas un mal
absolu en soi ; chacune d'elles répond providentiellement aux besoins spéciaux d'un peuple,
au génie particulier d'une race, au caractère général d'une époque. Et, peut-on demander, les
hommes resteraient-ils aussi religieux s'ils n'a-
vaient qu'un symbole pour exprimer dans ses
infinies nuances leur sentiment du divin, pour
prendre la couleur de leurs hypothèses et de
leurs rêves sur le monde et sur la vie ? Les religions diverses sont comme des langages dis-
tincts à peu près traductibles l'un par l'autre.
Mais chacun de ces langages a son génie propre
et ses avantages particuliers. Chacun doit donc
subsister comme représentant un point de vue
d'où la réalité spirituelle apparaît avec un aspect
sui generis qu'il serait très fâcheux de négliger.
Dans tous les cas, l'unité de religion a contre elle
actuellement les fatalités historiques, géogra-
phiques, ethniques et toutes les particularités
qui conditionnent le développement religieux.

L'unité de religion ne pourrait se consommer que le jour où toutes les civilisations se seraient mêlées et fondues et où la mentalité des peuples serait devenue identique par la fusion des races et par les progrès de la culture scientifique, la grande unificatrice des intelligences.

Cette conception, en quelque sorte *statique*, du fond essentiel de la religion est parfois corrigée et améliorée en une conception *dynamique* et évolutive : on reconnaît qu'il y a des différences intrinsèques dans le contenu essentiel des diverses expériences religieuses, non pas que l'action de Dieu soit conçue comme variable et libre, elle est toujours envisagée comme immuable à l'instar d'une force de la nature, mais on reconnaît qu'elle impressionne diversement les âmes, qu'il n'y a pas seulement des diversités dans les traductions intellectuelles des expériences, mais qu'il y a des diversités dans les expériences religieuses elles-mêmes, et l'on estime qu'il y a donc une échelle de valeur dans ces différentes expériences, indépendamment des différences intellectuelles. Il y aurait de ce chef une évolution de l'expérience religieuse mêlée aux diversités des traductions intellectuelles suivant les races, les traditions et les éducations. Et ces deux mobilités, mobilité du fond et mobilité de la forme, expliqueraient toutes les diversités souvent si compliquées des religions. L'unité de religion ne pourrait se consommer que le jour où, d'une part, l'évolution du fond religieux aurait atteint son terme dans une expérience religieuse parfaite(1), et où, d'autre part, les améliorations et éducations et cultures ethniques ayant fusionné, la mentalité des divers peuples pourrait traduire et exprimer identiquement un même et identique fond religieux.

Qu'il y ait du vrai dans ces points de vue, on ne saurait le contester. Mais ils sont incomplets et erronés. On supprime le facteur de la liberté de Dieu, et on ne tient pas assez compte de la liberté humaine, qui peut répondre très diversement à la liberté divine et qui bouscule souvent, par ses variations et ses à-coups, l'évolution rectiligne que se plaisent à tracer les théoriciens et l'éducation régulière que Dieu voudrait donner à l'homme. Oui, il est exact de dire que les individus et les peuples traduisent au moyen de leurs traditions, éducations, connaissances,

(1) A vrai dire, le panthéisme conséquent nie cette possibilité et considère la poussée divine comme une poussée dynamique continue dont le courant traverse des réalisations individuelles de moins en moins imparfaites, mais que jamais nulle réalisation ne limitera ou n'arrêtera définitivement. Au point de vue panthéiste rigoureux, il n'y a pas pour l'évolution religieuse d'élément dernier susceptible d'être défini directement en soi et dont une variable approcherait par échelons, mais une suite infinie sans qu'il existe aucun terme ultime définissable et accessible. Rien n'est plus éloigné, philosophiquement et religieusement, de notre point de vue, que ce panthéisme.

au moyen de leur culture et de leur mentalité, leur expérience religieuse profonde : de là des diversités doctrinales inévitables peut-être tant qu'une même mentalité ne régnera pas d'un bout à l'autre de l'univers. Mais l'expérience religieuse profonde n'est pourtant pas une simple réaction continuellement identique ou même continuellement progressive de l'âme impressionnée par l'influence toujours égale et uniforme d'une divinité immuable dans son action. L'expérience religieuse est un commerce entre des personnalités libres et vivantes. Et c'est pourquoi je ne dirai pas avec les théoriciens panthéistes de l'histoire des religions que le Christianisme n'étant plus qu'une religion au milieu des autres, la vieille distinction entre naturel et surnaturel doit disparaître, qu'il n'y a plus de religion surnaturelle, qu'il n'y a plus de surnaturel, de miraculeux. Je dirai plus exactement : la distinction entre naturel et surnaturel subsiste, mais les deux éléments coexistent à des degrés divers dans toutes les religions : il y a un élément naturel même dans le Christianisme, il y a un élément surnaturel même dans les religions extra-chrétiennes. Car partout Dieu est à l'œuvre déployant sa grâce surnaturelle, et partout l'expérience religieuse est, en dernière analyse, l'expérience... de l'homme avec ses puissances et facultés naturelles.

Continuons et précisons. Dans toute l'humanité et depuis ses toutes premières origines morales et religieuses, ajouterai-je, Dieu a cherché à sauver les hommes en besognant en eux par son Esprit. Dieu, qui respecte la liberté de sa créature, est allé partout dans cette action incessante sur les hommes aussi loin et aussi profond que les hommes le lui ont permis. Mais dans l'expérience religieuse, si Dieu n'est pas seul à l'œuvre, s'il faut aussi tenir compte du facteur humain, il faut par conséquent reconnaître et se rappeler que l'homme ne se montre pas partout également apte, moralement, à recevoir les bienfaits de l'intervention divine. Nous possédons le pouvoir de faire à Dieu une place plus ou moins grande dans notre vie. Dieu collabore avec nous dans la mesure plus ou moins large que nous lui réservons. Dans ses efforts consciencieux pour éclairer et purifier la moralité et la piété de l'homme, Dieu ne réussit pas également partout, parce qu'il ne trouve pas partout des âmes également prêtes à l'écouter, à le comprendre et à lui obéir. Dieu s'exprime à l'homme par l'expérience dans l'intimité même de la conscience; par conséquent plus l'homme garde sa conscience indemne de l'atteinte des éléments étrangers qui tenteraient de l'affaiblir ou de l'obscurcir, plus il développe sa puissance de perception, mieux il entend la parole divine, davantage il éprouve la force que cette parole contient en elle. Il faut une éducation progressive pour devenir capable de percevoir certaines lumières trop pures et certaines évidences trop hautes. Il y a des cimes qu'on n'atteint qu'après en avoir déjà non seulement aperçu, mais gravi d'autres. Le bon usage de sa liberté morale est pour l'homme la condition nécessaire de l'entière perfection de son expérience religieuse. C'est par la bonne volonté qu'il peut se rendre perméable aux lumières de l'évidence. En un certain sens, tout homme, tout peuple a eu et a la religion qu'il mérite. L'expérience religieuse à laquelle nous nous arrêtons mesure en quelque sorte notre développement spirituel.

Ainsi, dans chaque religion il y a quelque divine présence, mais la présence divine n'est pas efficace partout au même point parce que la présence humaine peut contrecarrer son action. L'homme mêle très souvent des erreurs et du péché à la révélation de Dieu, et il la corrompt. L'homme oppose très souvent des résistances et des péchés à la révélation de Dieu, et il la ralentit, il l'arrête. En agissant en nous et par nous, Dieu se soumet à nous, il s'incarne, il s'humanise, et il entre dans nos relativités mêmes pour travailler avec nous à nous en dépouiller. Dieu procède par insinuation. La résistance de l'homme est l'obstacle qu'il lui faut d'abord tourner. Dieu cherche à y réussir à force d'humilité, en se faisant très petit, en biaisant avec les forces étrangères ou hostiles, en consentant même à faire avec elles une partie du chemin, comme l'aiguille de la voie ferrée quand elle adopte pendant quelques instants la direction du rail dont elle veut se détacher. Dieu entre ainsi dans les habitudes de l'âme pour entraîner peu à peu sur une autre voie cette âme progressivement spiritualisée. Dès lors il ne faut pas s'étonner de voir combien est apparente dans l'histoire religieuse la trace de nos misères, de nos incompréhensions et de nos résistances. S'il en résulte des reculs, des arrêts de développement, des souffrances, c'est nous qui en répondons ; ce sont là des fruits de notre jardin. Plus l'humanité, par Dieu et avec Dieu, arrivera à se dégager de ses misères, plus Dieu pourra se manifester de façon claire, et plus la religion progressera. De là vient que s'il y a une part de vérité et de lumière dans toutes les religions, si elles sont toutes sublimes par leur aspiration, car elles cherchent une vie supérieure, car elles marquent, chacune à sa manière, la victoire du bien sur le mal, s'il y a une action personnelle directe de Dieu dans toute expérience religieuse en sorte que leur genèse à toutes a un caractère divin, il s'en faut cependant qu'elles possèdent toutes la même valeur et la même objectivité.

Il y a parfois un antagonisme profond dans les principes métaphysiques et moraux impliqués dans les diverses expériences religieuses de l'humanité, et il y a aussi parfois une grande différence entre ces expériences religieuses elles-mêmes, différence quant à la valeur intrinsèque, en ce sens que ni en qualité ni en quantité elles ne réunissent la même somme de perfection, je veux dire les mêmes éléments de vérité, de bonté et de beauté, différence aussi quant à l'intensité de l'action divine qui s'y exerce.

D'ailleurs, rappelons-nous le parallèle que nous avons institué entre la perception sensible et la perception religieuse. Déjà dans l'ordre phénoménal ordinaire, dans l'ordre sensible commun, aucune perception ne pénètre directement l'être en soi, sans mélange, sans concours du sujet, sans apport venant de lui. Toute perception est un mélange de *construit* et de *donné* ; et le donné ne s'y révèle qu'à travers le construit. La psychologie la plus élémentaire montre combien il y a de pensée théorique dans ce que nous regardons volontiers comme perception pure. Constater n'est pas recevoir naïvement l'empreinte fidèle de ce qui est : c'est toujours l'interpréter et le mettre en des formes préexistantes. Même ce que nous percevons effectivement porte des traces nombreuses d'une intervention élaboratrice. Par là s'expliquent les erreurs des sens qui sont en réalité des erreurs d'interprétation. Combien plus encore en doit-il être ainsi dans l'ordre des réalités surnatu-relles ! *Quidquid recipitur, ad modum recipien-tis recipitur.* Cette loi est générale. Les repré-sentations des hommes religieux sont donc tou-jours nécessairement conditionnées par leur nature humaine, par leur degré de culture, par les conceptions habituelles de leur temps et de leur milieu. Toujours il y a à dégager la pure donnée objective de la forme plus ou moins con-tingente et inadéquate dont les témoins la revê-tirent pour la percevoir. Une révélation n'arrive jamais qu'à travers la conscience d'un prophète, sous la forme dont cette conscience l'a revêtue, comme expression d'expériences vécues par elle. Si docile qu'elle soit, celle-ci ne peut recevoir la vérité sans y mêler quelque chose d'elle-même, sans l'adapter plus ou moins à sa manière d'être et à sa manière de penser. En s'exprimant, la vérité se revêt de relativités propres au temps, au milieu et à la tournure d'esprit de ceux par qui elle s'exprime. En l'écrivant, si claire et si catégorique que puisse en être dans l'ensemble l'expression, on lui impose inévitablement la limitation des mots et la relativité des idées courantes. C'est l'homme qui fournit à la révéla-tion le matériel de mots et d'images dont elle se sert comme d'un corps pour s'exprimer, les idées mêmes qu'elle utilise comme véhicules. L'emploi du discours entraîne d'inévitables déformations dont il y a lieu de faire la critique.

Je tire de ces remarques deux conclusions :

La première c'est que reconnaître dans une religion, dans une Eglise, quelles qu'elles soient, la présence et l'action de Dieu, ce n'est nullement s'interdire à l'avance tout examen, et s'obliger à une adhésion sans réserves et à une adoration sans limites. Il peut y avoir dans cette religion, il peut y avoir dans cette Eglise, quelles que soient ses assertions et prétentions, et quand même elle prétendrait posséder, elle seule, la plénitude du christianisme et n'être « au fond que l'Evangile continué à travers les siècles », il peut y avoir dans cette Eglise à côté d'un élément réel de vérité et de divinité, un élément peut-être considérable — peut-être plus considérable que l'autre — d'erreur et de contestable humanité. La libre critique, qui ne peut être le fait que des libres consciences individuelles est pleinement légitimée ; bien plus, elle est réclamée et toute prétention à une autorité infaillible apparaît arbitraire, illusoire et erronée (1). La nature même de l'expérience religieuse

(1) « Si l'Eglise universelle est infaillible, dit M. J. Wilbois, dans un intéressant et ingénieux article (La pensée catholique en France au commencement du XX⁰ siècle. Revue de métaphysique et de morale, juillet 1907, p. 550), si l'Eglise univer-

concrète rend à la fois inutile et impossible et
l'infaillibilité de la Bible et l'infaillibilité de
l'Eglise et du pape. L'expérience religieuse

selle est infaillible (et il décerne ce titre d'Eglise universelle à
l'Eglise catholique romaine), c'est simplement parce qu'elle
proclame ce qui s'est passé en elle, et qu'on est toujours infaillible en se racontant soi-même : l'infaillibilité est moins un
droit accidentel qu'un fait nécessaire ». — Mais d'abord, il
n'est pas du tout exact qu'on soit toujours infaillible en se
racontant soi-même ; la psychologie moderne a abandonné
cette opinion, vraiment surannée aujourd'hui, qui admet
que l'introspection est infaillible parce qu'elle est un mode
direct de connaissance ; si le témoignage de la conscience
individuelle est loin d'être toujours à l'abri de l'erreur, on ne
voit pas pourquoi le témoignage d'une conscience collective
quelconque pourrait se trouver absolument et constamment
infaillible, d'autant que « l'Eglise » n'est pas, pas plus que la nation
et la race, un être véritable doué d'une vraie conscience : une
collectivité est plus qu'une somme d'individus juxtaposés,
d'accord, mais elle n'est certainement pas un *moi* doué de
conscience ; il n'y a pas d'autres consciences au monde que les
consciences individuelles. 2º En admettant, comme le veut M.
Wilbois, que le dogme (catholique) ne soit que la notation
exacte de l'expérience de la collectivité chrétienne (disons d'une
certaine collectivité chrétienne particulière, car il y a d'autres
collectivités chrétiennes que celle-là), en admettant que « l'Eglise »
soit infaillible en racontant ce qui s'est passé en elle, une expérience n'est pas normale et normative par cela seul qu'*elle est*.
Autrement mahométans et bouddhistes, etc. seraient aussi
justifiés que les catholiques à préconiser leurs expériences.
Une expérience religieuse où Dieu participe — il participe à
toutes — n'est pas de ce chef parfaite et digne absolument
d'être reproduite telle quelle par tous. Il peut s'y mêler des
éléments fâcheux que l'on a le droit et le devoir de s'attacher
à éliminer. Il peut s'y trouver de regrettables lacunes que
l'on a le devoir et le droit de s'attacher à combler.

dégage le chrétien et de la lettre de l'Ecriture et de la lettre de la tradition ecclésiastique et de l'autorité pour le ramener à ce qui a été le point de départ d'où est issue et d'où procède incessamment toute la sève religieuse et théologique, je veux dire à l'inspiration toujours vivante et permanente de l'Esprit de Dieu dans l'âme croyante.

La seconde conclusion, c'est que nous pouvons et devons aller plus loin que nous n'avons semblé le faire jusqu'ici dans notre revendication de l'excellence et de la suprématie de l'expérience chrétienne. La religion chrétienne, avons-nous paru dire, est l'espèce de religion la plus parfaite, car elle réunit en un seul faisceau les caractères les plus élevés sporadiquement répartis dans les autres. Cette propriété lui assure sans conteste le premier rang ; lui confère-t-elle un caractère spécifique par rapport aux autres ?... Mais nous devons ajouter : il y a encore plus que cela dans l'expérience chrétienne. Précisément parce que la liberté de l'homme a correspondu à la liberté de Dieu, la liberté de Dieu a pu aller jusqu'au point qu'elle voulait atteindre et produire en Israël, en Jésus-Christ, certaines formes et certains éléments d'expérience qui diffèrent en qualité de tout ce qu'on voit ailleurs et constituent le *proprium quid* de l'expérience chrétienne (1). Tâchons de préciser un peu plus.

(1) Bien des chrétiens placent ce *proprium quid* dans l'expérience chrétienne centrale qu'on appelle *la conversion* (pour la définition de ce terme, voir le livre de William James). Je n'ai garde d'y contredire. Toutefois, avant de souscrire à l'assertion, il conviendrait de l'entourer de certaines réserves ou explications critiques. Au point de vue purement psychologique, au point de vue purement formel, pourrait-on dire, la conversion n'est rien de spécifiquement chrétien. Il y a des conversions sinon dans toutes les religions, du moins dans un grand nombre d'entre elles. Il y a des crises psychologiques semblables à la conversion en dehors de toute religion positive (crises dans la vie de Stuart Mill, de J.-J. Rousseau, etc...). Ce qu'il faudrait montrer, c'est non pas seulement ni surtout que la conversion chrétienne diffère des conversions non chrétiennes au point de vue purement psychologique — on n'obtiendrait de ce chef que des différences de degré, non de nature et des différences peut-être variables, reversibles — mais qu'elle en diffère au point de vue matériel (contenu, valeur morale, puissance, fécondité). Ce qu'il faudrait montrer — et je crois que ce serait possible, car je crois que c'est la vérité — c'est que la conversion chrétienne est la seule capable d'achever et de parfaire la vie religieuse et morale dans une âme pécheresse, c'est qu'en dehors de Jésus-Christ toute conversion reste incomplète, fragmentaire, insuffisante, instable et précaire, toute conversion est un germe auquel manquent les conditions de son plein développement, toute conversion ne s'élève que pour retomber, ne naît que pour mourir, et se dissipe en se précisant; c'est enfin que Jésus-Christ est le seul être susceptible de provoquer une conversion viable et de la conduire à cette stature où elle se consomme dans la perfection. Si Jésus-Christ est bien cela, tout cela, ce n'est plus assez de dire que la religion chrétienne est peut-être la plus parfaite, la plus élevée des religions, celle qui répond le mieux aux aspirations les plus nobles et les plus profondes de la race blanche, il faut convenir qu'elle a le droit de prétendre à posséder le monopole de la

Comme Dieu tient compte des lois de la solidarité qu'il a lui-même instituées, comme il veut autant que possible sauver les hommes les uns par les autres, comme c'est une loi de son gouvernement d'agir sur les peuples par les individus et sur l'humanité par les peuples, comme sa vue dépasse la multiplicité des cas individuels ou même collectifs, comme il sait former des plans d'ensemble et les poursuivre en même temps que ses plans de détail, on peut affirmer, tout en maintenant que Dieu a eu partout l'ambition sincère de sauver à fond toute âme religieuse quelle qu'elle soit, que dans toute l'humanité et depuis ses toutes premières origines morales et religieuses, Dieu a attendu, cherché, appelé, poursuivi un peuple, une religion où l'homme se montrerait vraiment et entièrement réceptif à l'Esprit divin, où la liberté humaine collaborerait constamment avec la grâce, un peuple, une religion par qui pût s'entreprendre et s'achever l'œuvre de la Rédemption de l'humanité. Ce peuple, cette religion, Dieu ne les a pas rencontrés hors d'Israël, quoique hors d'Israël il ait certes trouvé de belles et nobles âmes auxquelles il a pu parfois se révéler à un très haut degré.

vérité religieuse, et qu'il y a entre elle et les autres religions, quelque part de vérité et de divinité qu'elles contiennent, une vraie différence spécifique.

Ce peuple, cette religion, Dieu les a trouvés en Israël, bien que même là il lui soit arrivé de se heurter à des résistances sans cesse renouvelées, bien que même là il ait eu à compter avec des défaillances, des reculs, des déviations, et se soit vu souvent entravé ou même arrêté par le péché, bien que même là l'œuvre d'un Moïse ait paru aboutir à l'idolâtrie et l'œuvre des prophètes à la stérile orthodoxie du pharisaïsme. Mais enfin c'est là, c'est en Israël que Dieu a pu se révéler le plus complètement lui-même dans la succession des inspirations prophétiques, et c'est dans un membre individuel de ce peuple, le peuple hébreu, c'est dans un croyant de cette religion, la religion hébraïque, c'est en Jésus de Nazareth que Dieu a pu se révéler lui-même pleinement et définitivement, parce qu'en Jésus il a trouvé une âme d'homme constamment et entièrement réceptive à sa grâce, qui, par une obéissance complète à sa volonté, par une union constante avec son Esprit, a réalisé le type même de l'expérience religieuse normale et parfaite, source des expériences rédemptrices les plus hautes pour toute l'humanité. Telle est l'avance énorme, incalculable que le héros des Evangiles a eue sur tous les initiateurs religieux, précisément parce que l'Esprit de Dieu a trouvé une réceptivité favorable dans le peuple hébreu tout d'abord, et puis et surtout dans l'âme de

Jésus. L' « obéissance » de Jésus, pour employer le mot de l'auteur de l'épître aux Romains, l'obéissance de Jésus marque le terme d'une éducation séculaire, l'aboutissement d'un plan longuement et patiemment poursuivi.

A ce point de vue, le choix, l'élection d'Israël cesse d'apparaître comme un acte arbitraire de Dieu. S'il y a eu choix, c'est d'abord Israël qui a choisi Dieu ; le choix de Dieu n'a été que la consécration par Dieu du choix d'Israël. Même observation pour Jésus-Christ (1). Entendons-nous. Dieu a toujours l'initiative. Si le peuple, si l'individu *choisissent* de répondre à cette initiative divine, Dieu à son tour *choisit* ce peuple, cet individu, pour y développer, y particulariser, y spécifier son action.

Envisagé sous cet angle, le spectacle des innombrables expériences religieuses de l'humanité cesse de troubler, il fortifie ; ce n'est plus une objection, c'est au contraire une preuve : l'universalité de l'expérience religieuse dans la race humaine atteste l'universalité de l'action directe de Dieu dans le cœur de l'homme, puisque les deux vont de pair, et l'action directe de Dieu est établie dans sa réalité par son universalité même. Dès lors nous sentons croître en

(1) Cf. notre brochure sur *la personne et l'œuvre de J.-C.* Montauban, 7, faubourg du Moustier, p. 33-34.

nous notre confiance en l'action de Dieu et notre certitude de la légitimité de l'expérience religieuse. L'universalité de l'expérience religieuse nous garantit la valeur absolue de la religion. Au point de vue auquel nous nous sommes élevés, nous nous expliquons dans les expériences religieuses extra-chrétiennes la vérité autant que l'erreur, et le bien autant que le mal ; nous pouvons nous réjouir en toute sympathie du bien et de la vérité, car nous y découvrons le signe de la présence certaine du Dieu qui n'a laissé aucune nation sans quelque témoignage de lui-même ; nous pouvons être indulgents pour l'erreur et le mal, car nous n'ignorons pas les faiblesses et inconséquences — pour ne rien dire de plus — des chrétiens qui défigurent un si grand nombre de leurs expériences les plus authentiques. Comprenant que même dans le monde israélite l'inspiration divine n'a pu échapper aux conditions d'erreur locale et d'imperfection relative qui lui sont inhérentes dans l'humanité, nous souvenant des résistances opposées par le peuple hébreu à l'action de Dieu et des limitations imposées à Jésus lui-même, malgré son irréprochable sainteté, par l'hérédité, le milieu, la solidarité enfin, nous souvenant que l'œuvre de Jésus a paru aboutir à l'échec de la croix et que si Dieu a su tirer le bien du mal et faire du Christ crucifié et ressus-

cité la source des expériences religieuses les plus
profondes et les plus régénératrices, cependant
là encore, chez les chrétiens les plus fidèles, le
péché a entravé et entrave l'action rédemptrice
du Christ spirituel, nous pourrons aller même
jusqu'à admettre la possibilité que, sur tel ou
tel point particulier, l'expérience chrétienne
puisse être rectifiée, complétée, enrichie par le
contact avec les autres expériences religieuses
de l'humanité, sans perdre pour cela le droit de
croire qu'à envisager les choses dans leur ensemble, l'expérience chrétienne se manifeste à nous
comme la synthèse, l'épanouissement, le cor-
rectif, l'application et le couronnement de ce
qu'il y a de meilleur et de plus vrai dans les expériences religieuses des autres religions au sein
de l'humanité.

Nous pourrons dès lors, semble-t-il, espérer
la naissance et le progrès d'un mouvement de
convergence et d'unité capable d'entraîner les
religions diverses, malgré les diversités de leurs
credos, et de ramener tous les peuples sous le
toit large de la famille humaine dans la partici-
pation à une semblable expérience religieuse.
Peut-être aucune religion sous sa forme actuelle
n'est-elle capable de concilier tout le sentiment
religieux des hommes et de rassembler dans un
même ordre d'expérience religieuse les individus
de toute race et de toute civilisation. Peut-être

le Christianisme lui-même tel quel est-il inaccessible à l'esprit de plusieurs des autres religions. Certes, il n'est pas interdit au chrétien de croire que, si les autres religions ont pu répondre dans une certaine mesure aux besoins spéciaux d'une race et d'un peuple (1), aucune d'elles, quoique les plus grandes aient prétendu et visé à l'universalité, n'a possédé et ne possède autant de titres à l'universalité que la religion fondée par Jésus-Christ. Des chrétiens, il y en a sous toutes les latitudes, à tous les degrés de culture et de civilisation, dans toutes les races. Il suffit de consulter impartialement l'histoire pour constater que l'expérience chrétienne n'est pas faite seulement par quelques rares individus ou groupes d'individus sélectionnés dans des milieux choisis, mais qu'elle peut se retrouver et se retrouve dans l'histoire depuis dix-neuf siècles, et qu'elle peut être reproduite, qu'elle est reproduite actuellement dans les milieux humains les plus divers, depuis le sauvage le plus grossier jusqu'au civilisé le plus cultivé : on arrive ainsi à la constatation remarquable que l'expérience chré-

(1) La diffusion du bouddhisme et sa vitalité deviendraient inexplicables, si l'on n'admettait pas qu'il est, pour les cinq cent millions d'Asiatiques qui le professent, une religion partiellement au moins adaptée à leurs aspirations et à leur mentalité. Même remarque à l'égard du mahométisme et des populations chez lesquelles il subsiste depuis tant de siècles ou s'est récemment implanté.

tienne est en un certain sens indépendante des
conditions intellectuelles, sociales, ethniques,
anthropologiques même les plus diverses. Oui,
il suffit à chaque homme, pris individuellement,
de se donner à Christ pour recevoir une vie nouvelle, quelles que soient ses obscurités ou ses
erreurs, son absence ou sa qualité de culture, sa
mentalité enfin : c'est là, dans les conditions
les plus variées, l'expérience qui se poursuit
depuis 19 siècles, l'expérience constante de tous
les missionnaires sur tous les points du globe.
Toutefois l'élément religieux ne saurait être en
l'homme absolument dissocié de l'élément intellectuel. Et de même que — les « chrétiens sociaux » (1) l'ont répété avec raison — il y a des
conditions matérielles, économiques, sociales,
qui rendent impossible à des classes entières de
nos semblables la vraie vie morale et la vraie
expérience religieuse et les mettent pratiquement hors d'état de se convertir et de se sanc-
tifier, de même il peut y avoir et il y a bien
certainement des conditions intellectuelles, théo-
logiques, dogmatiques, qui peuvent rendre à un
nombre considérable d'individus humains l'expérience religieuse difficile ou même inaccessible.

(1) Voir la collection du journal l'*Avant-Garde*. Réd. et
admin.: M. J. Roth, à Orthez, 23, rue Moncade (Basses-Pyré-
nées).

A ce point de vue il est permis de se demander s'il ne pourrait pas y avoir une difficulté inhérente à certains peuples de comprendre notre théologie, et une difficulté inhérente au dogme chrétien d'entrer dans le tissu de la vie mentale de certaines races. Le Christianisme occidental reste toujours, plus ou moins modifié, la forme de christianisme propre à la civilisation et à la mentalité gréco-romaines. Et le monde gréco-romain semble bien à coup sûr avoir été préparé providentiellement pour l'établissement et le développement du Christianisme. Mais si Dieu avait voulu imposer à tous les hommes la forme gréco-romaine du Christianisme, n'aurait-il pas pu achever, sans qu'il lui en coûtât davantage, la réunion non du monde méditerranéen, mais du monde entier sous la domination de Rome ou sous une domination analogue ? Qui sait ? peut-être justement l'histoire de l'humanité marche-t-elle vers la réalisation — sous quelles formes politiques, il n'importe — d'une unité de civilisation semblable à celle du monde gréco-romain, mais coextensive cette fois au globe terrestre tout entier? Les civilisations de l'Orient et de l'Occident ne commencent-elles pas déjà à s'influencer et à se fusionner ? N'est-ce pas le vrai sens du spectacle suggestif que nous donnent aujourd'hui la Chine, la Corée et surtout le Japon ? Et peut-être alors l'établissement de la civilisation mondiale permettra-t-il l'établissement de la forme définitive et universelle du Christianisme, obligé par une ambiance nouvelle à refaire son adaptation.

Pour atteindre ce but un double travail apparaît nécessaire : un travail de critique, et un travail de création. Un travail de *critique* : si la conscience religieuse exprime toujours ses expériences en des formes qui tirent leur origine de la tradition intellectuelle à l'influence de laquelle elle est soumise, c'est donc une comparaison critique qui seule peut procurer ce qui est immédiat et essentiel et le séparer du local et du contingent. Un travail de *création* : pour que le genre humain puisse communier dans l'unité de croyance, il faut que l'esprit humain, sous la pression de la vie religieuse et de l'Esprit Saint, ait la faculté de trouver ou de se créer, pour les expériences vitales les plus profondes, de grands vêtements intellectuels qui puissent avoir et conserver une valeur commune pour des groupes d'hommes de plus en plus grands. Si ce double travail de critique et de création n'est pas indispensable pour le salut de tels ou tels individus, il est indispensable aux progrès du Royaume de Dieu. Aussi le chrétien doit-il se réjouir de voir se poursuivre aujourd'hui le lent progrès d'épuration et d'enrichissement qu'il constate déjà dans l'ancienne alliance,

d'Abraham aux prophètes, des prophètes à Jésus-
Christ. Oui, qu'il se poursuive pour dépouiller le
germe de vie introduit dans le monde par l'action divine de tout ce dont les hommes l'ont
entouré, soit pour arrêter un développement
qui les effrayait, soit en vue de le faire servir à
leurs fins intéressées. Peut-être alors, il n'est
pas interdit au chrétien de l'espérer, peut-être
la religion de Jésus, dépouillée de toutes les
formules métaphysiques qui compliquent la
croyance sans éclaircir son objet et de toutes
les superfétations qui dénaturent la vérité divine
sans enrichir la foi, peut-être la religion de Jésus,
débarrassée de toutes les épines de l'école qui
encombrent tant de systèmes religieux de nos
jours et réduite à une simplicité et à une géné-
ralité de doctrine qui lui permettent de pénétrer le cerveau de la foule aussi bien que celui
de l'élite, peut-être la religion de Jésus ramenée
à la pureté de ses origines, c'est-à-dire à l'expérience religieuse de Jésus, et comprise, interprétée, traduite, à la lumière et avec le secours
des autres expériences religieuses de l'humanité,
pourra-t-elle fournir la synthèse rêvée des expériences religieuses universelles. Il est sûr que,
d'une manière générale, l'expérience religieuse
qui porte en elle des éléments supérieurs de
vérité et de vie tend à obliger l'expérience inférieure à disparaître, et l'on pourrait prétendre

de ce chef que la religion définitive et universelle
sera celle qui produira le plus haut type de bonté,
de beauté et de vérité, celle qui réalisera dans
l'homme moyen la plus grande somme de moralité possible, c'est-à-dire que la religion définitive et universelle *doit être,* *est* la religion de
Jésus. Pourtant, ne nous lassons pas de le répéter, il ne saurait être question en ce domaine
d'évolution déterministe rectiligne. Pour que
le résultat normal et légitime puisse être atteint,
il faut que la liberté y mette du sien, il faut que
renonçant à tout orgueil, à toute intolérance,
à tout absolutisme intransigeant, les chrétiens
s'efforcent de comprendre et de pénétrer l'esprit
des autres religions, et leur témoignent l'estime
sincère qu'il n'est que juste de professer pour
des mouvements de pensée et de vie où l'on
aperçoit soi-même de bonnes parties et auxquelles on reconnaît sincèrement une valeur
réelle, par cela seul qu'elles vivent et répondent
aux aspirations d'hommes semblables à nous ;
il faut que les chrétiens consentent, si j'ose dire,
à se mettre provisoirement à l'école des religions
non-chrétiennes et à traiter, momentanément
au moins, de pair avec elles, et se souviennent
qu'une religion ne peut en influencer et en remplacer une autre que lorsqu'elle a assez de foi en
elle-même pour se placer avec candeur au point
de vue de l'autre avant d'essayer de la rem-

placer et pour lui emprunter, afin de l'absorber,
ce qu'elle a de bon, de légitime et de vrai. La
religion capable de devenir vraiment unique,
définitive et universelle ne doit-elle pas être
celle qui se montrera la plus apte à répudier
toutes les erreurs et à accepter toutes les vérités
des autres religions, celle qui apparaîtra comme
le confluent non seulement des expériences religieuses hébraïques et chrétiennes, mais encore
de tout ce que la conscience religieuse humaine,
dans le cours des siècles, a élaboré de vrai, de
beau, de bien ? La religion capable de devenir
vraiment unique, définitive et universelle ne
doit-elle pas être celle qui possédera la plus
grande puissance d'assimilation et d'adaptation
et qui pourra le mieux réaliser la concentration
de toutes les vérités éparses dans les expériences
religieuses de l'univers ? ne doit-elle pas être
celle qui manifestera la plus grande plasticité
et saura le mieux se renouveler et s'enrichir
elle-même par un travail d'accommodation à
des milieux différents ? C'est ainsi que le Christianisme pourra opérer l'unification de toutes
les expériences religieuses, images pâles ou vives,
ébauches grossières ou épurées, notions rudi-
mentaires ou approximations merveilleuses de
l'expérience religieuse unique et normative de
Jésus — de Jésus qui demeure et demeurera
toujours pour les hommes celui en qui pour la

première fois la vie morale et religieuse est parvenue à son plus haut développement, de Jésus
qui offre et offrira toujours au monde le plus
beau, le parfait modèle de l'expérience religieuse
achevée dans la pleine et constante communion
avec le Dieu Père.

CHAPITRE VII

LA CONTINUITÉ DES EXPÉRIENCES RELIGIEUSES. (1)

Enfin le chrétien croit et continue de croire à la valeur de son expérience, parce qu'il y est irrésistiblement poussé et comme intérieurement contraint par l'enchaînement, la continuité, l'harmonie, la finalité, des expériences religieuses dans l'histoire—l'histoire collective d'abord, et puis l'histoire individuelle.

L'histoire collective d'abord. Le chrétien peut être tenté de l'interpréter dans un sens un peu étroit et exclusif en restant placé à l'ancien point de vue de la distinction entre une religion absolument bonne et vraie, qui est le Christianisme, et des religions mauvaises et fausses, qui seront les religions « païennes ». Il dira :

(1) Il doit être bien entendu que, nous référant au contenu du chapitre III (Les formes et catégories de l'expérience religieuse) nous n'employons que dans un sens symbolique et métaphorique les expressions spatiales de continuité et de discontinuité.

Une immense continuité de progrès religieux, une suite morale incomparable traverse l'histoire entière, unique par sa richesse, par sa force vitale, par son efficacité spirituelle, par sa pureté grandissante, par la constance de son orientation : le développement judéo-chrétien. Tandis que la conception de Dieu que se sont formées les nations païennes a toujours été fragmentaire et imparfaite, tandis qu'il n'y a eu aucun **progrès** solide et continu de l'ordre spirituel dans n'importe quelle religion extra-chrétienne, tandis que les plus nobles de ces religions ont peu à peu dégénéré et perdu la puissance morale qu'elles avaient pu d'abord posséder, la religion de la Bible a suivi un cours tout différent ; la vérité, une fois atteinte, n'a plus été perdue, en dépit de tous les obstacles la connaissance de Dieu non seulement s'est maintenue, mais a progressé, jusqu'à ce qu'enfin elle se soit émancipée de toutes les restrictions nationales, et sans nier ni démentir son histoire passée ait abouti à la religion du Christ. Et en effet le progrès frappe, avec l'évidence du fait lui-même, le chrétien attentif qui, éclairé, informé par ses propres expériences religieuses et rendu capable par elles de comprendre les expériences religieuses d'autrui *par le dedans*, prend en main les écrits bibliques et en parcourt les pages successives des premiers mots de la Genèse aux derniers de l'Apocalypse.

Il y voit un jaillissement ininterrompu d'inspirations et de révélations et d'expériences religieuses qui s'étagent les unes sur les autres, toujours plus élevées, toujours plus pures, se complétant, s'irradiant en perspectives nouvelles à tous les tournants de l'histoire comme à tous les tournants de la vie, jusqu'à la révélation suprême du Christ jaillie toute vibrante et toute chaude de sa propre inspiration et de son expérience personnelle. Il y voit l'éducation providentielle d'un peuple comme mis à part et mystérieusement dirigé pour enseigner à l'humanité le monothéisme et pour enfanter le Messie destiné à donner au monde la religion absolue. Il y voit, dans l'apparition des prophètes, un fait véritablement unique. Il y voit l'inspiration, l'expérience religieuse forte et intense, corrigeant sans cesse et spiritualisant toujours plus les idées morales et religieuses d'Israël par les prophètes, jusqu'au Christ qui a possédé l'Esprit sans mesure et dont l'inspiration suprême a produit et consacré la conception définitive du messianisme spirituel et du monothéisme moral. Il s'approprie dès lors ces déclarations si nettes d'un philosophe français contemporain, le directeur de l'*Année philosophique*, M. Pillon :

«Nous tenons que ni le monothéisme, ni le christianisme ou messianisme spirituel ne sont dûs aux lois naturelles et nécessaires d'un développement organique ; qu'il faut les rapporter aux initiatives de consciences humaines et de volontés humaines ; enfin, qu'à la source de ces initiatives créatrices et fécondes la foi religieuse peut très bien mettre l'inspiration divine en même temps que la liberté de l'homme... Ceux qui croient au Dieu esprit et personnel, peuvent très bien, donnant au mot *providence* un sens positif, reconnaître l'action objective de Dieu dans l'histoire biblique et évangélique de la préparation et de l'avènement du christianisme. Le développement, historique du monothéisme, élevé à la perfection par le messianisme spirituel, voilà quelle devrait être, pour l'apologétique, la véritable preuve externe, voilà le miracle et la prophétie où elle pourrait s'appuyer, où elle pourrait trouver des motifs de croyance capables de satisfaire la conscience morale et religieuse.» (1)

Le chrétien, illuminé par ses propres expériences religieuses, s'approprie ces déclarations d'un profond penseur. Plus il lit et médite le recueil des écrits bibliques en le comparant avec les autres documents de l'histoire de la pensée humaine, plus il est frappé de ce fait que, si la raison et la réflexion à elles seules peuvent assurément conduire au monothéisme, historiquement toutefois la valeur et la portée des motifs en faveur du monothéisme n'ont été bien reconnues et comprises que postérieurement au Christianisme. Dans l'histoire des religions, il est frappé du fait que c'est en Israël seul que le mo-

(1) Année philosophique de 1898, p. 216, 227-228.

nothéisme a triomphé — en Israël, dans le peuple le moins métaphysicien de toute l'antiquité, si inférieur intellectuellement aux Grecs. Et contemplant ce phénomène unique de la succession téléologique, de la convergence, de l'harmonie, de la direction commune des inspirations prophétiques, il se croit rationnellement fondé à attribuer ce triomphe de fait du monothéisme en Israël à l'influence surnaturelle et libre d'un Dieu personnel, sans s'étonner que les résultats obtenus par cette influence surnaturelle se trouvent d'accord avec les résultats qu'une raison bien conduite atteint en réfléchissant sur la nature et la conscience.

Un psychologue éminent, auquel, dans une conversation particulière, je proposais cet ordre de considérations, voulut bien m'accorder que l'enchaînement et la continuité des expériences religieuses dans l'histoire donnaient à l'expérience religieuse ce qu'il appela une *valeur cumulative...* Mais cette expression : *valeur cumulative* est insuffisante. Elle semble indiquer une valeur obtenue par addition de termes identiques. Par exemple, je constate une fois que l'oxygène et l'hydrogène, en se combinant, donnent de l'eau. Si je le constate plusieurs fois, mes expériences acquièrent, par cette répétition, une *valeur cumulative*. La valeur cumulative peut assurément être de mise dans l'ordre des expériences religieuses. Si je constate que, placés dans les mêmes conditions, un grand nombre d'individus s'affligent de ce qu'ils appellent leurs péchés, en demandant à Dieu le pardon, passent par l'expérience qu'on appelle la conversion, et produisent ensuite, dans la paix et la joie, des fruits de sainteté, à force d'accumuler des cas analogues, des expériences similaires, j'obtiens un nombre d'expériences analogues dont la réunion possède incontestablement une *valeur cumulative*. Et à coup sûr il y a, pour la valeur de l'expérience chrétienne, un argument très fort dans les fruits moraux qui en ont résulté dans le monde. Mais cela n'épuise pas, cela n'exprime même pas exactement les considérations historiques que le chrétien fonde sur l'idée de *plan* providentiel, de continuité progressive des expériences : il n'y a pas là simplement répétition de termes semblables ou identiques, comme dans l'histoire de la piété chrétienne depuis le Christ jusqu'à nous, il y a succession de termes hétérogènes, mais réunis par une loi qui les domine et qui est une loi de gradation, de combinaison, de progression. Il y a un admirable esprit de suite, un développement merveilleusement cohérent, une construction savante où l'on voit le résultat final s'ébaucher, s'esquisser, pour s'épanouir enfin. Il y a cette unité dans la variété qui est la marque des œuvres intelligentes et réfléchies, le sceau de la sagesse et de la raison, le caractère propre du génie. Il y a une continuité, un enchaînement qui trahit l'intervention d'un facteur transcendant supérieur aux individus humains, puisqu'il est présent et actif à toutes les époques de l'histoire, supérieur aussi précisément par cette habileté, cette souplesse manifestées dans la continuité du plan, à ce qui pourrait résulter de l'ensemble social.

Dans son intéressante et suggestive brochure intitulée : *Théologie et religion* (1), Charles Secrétan rappelle que, d'après Claude Bernard, toutes les opérations, tous les mouvements dont se compose la vie relèvent de la physique et de la chimie générales, mais il y a le type, la direction, la convergence de tous les mouvements vers une fin que la physique et la chimie n'expliquent pas :

« Ce n'est point la formation du corps animal en tant que groupement d'éléments chimiques qui caractérise essentiellement la force vitale, dit Claude Bernard (2). Ce groupement ne se fait que par suite des lois qui régissent les propriétés physico-chimiques de la matière ; mais ce qui est essentiellement du domaine

(1) *Théologie et religion*, par Ch. Secrétan (Petite bibliothèque du chercheur). Lausanne, Arthur Imer. Paris, Paul Monnerat.

(2) *Introduction à l'étude de la médecine expérimentale*, p. 162 (cité par Secrétan, p. 34-35).

de la vie, ce qui n'appartient ni à la chimie, ni à la physique, ni à rien autre chose, c'est l'idée directrice de cette évolution vitale. Dans tout germe vivant, il y a une idée directrice, qui se développe et se manifeste par l'organisation. »

Et l'illustre naturaliste revient souvent sur cette idée vitale qui préside à la succession des phénomènes, et dont la connaissance appartiendrait, dit-il, à la métaphysique. Semblablement, Secrétan cite Vinet parlant de la conversion de l'âme à Dieu : c'est l'œuvre de Dieu, mais à l'analyser, elle se résoudrait en pensées, en sentiments, en désirs humains ; ce qui est de Dieu, c'est l'idée, c'est la direction, c'est la convergence vers une fin surnaturelle :

« Dans le monde moral, dit Vinet (1), la force de Dieu, chose insaisissable, se compose de nos forces, de même que l'œuvre de sa Providence est bien souvent la somme de nos œuvres. Si vous décomposez en éléments visibles la puissance que le christianisme déploie, vous ne trouverez en fin d'analyse que des forces humaines. Tout ce que Dieu opère dans cet ordre, il l'opère par nous, mais c'est lui qui évoque notre volonté, qui la détermine ; c'est lui qui pénètre et qui coordonne les éléments que lui offre notre nature. »

Gravissant un nouvel échelon, Secrétan dit de même au sujet de l'incarnation :

« Le miracle de l'incarnation du Fils n'est que le

---

(1) *Homilétique*, p. 595 (cité par Secrétan, p. 35-36).

fait moral de la conversion, pris dans le centre de l'histoire et de l'humanité. Comment un homme semblable à nous en toutes choses en différa-t-il pourtant parce qu'il fut vraiment ... pur du péché ? L'apparente solution du problème se trouverait dans une série de faits historiques, de faits privés où l'éducation, l'hérédité, jouent sans doute leur rôle ordinaire, faits individuels, psychologiques propres au Sauveur, qui réussit à repousser successivement toutes les tentations dont nous repoussons quelques-unes, et, comme il arrive quelquefois à d'autres, vit ses forces morales s'accroître à chaque victoire. Ce miracle des miracles, l'analyse le résoud en séries de faits soumis aux lois ordinaires de la vie morale. Et pourtant le surnaturel subsiste dans la convergence de tous les faits naturels, dans la cause finale qui détermine cette convergence, autrement inexplicable. »

De même enfin dirai-je à mon tour, dans la continuité des inspirations prophétiques à travers les âges, encore que l'analyse puisse les réduire à une série de faits humains soumis aux lois ordinaires de la vie psychique : ébranlements émotifs et verdicts de la conscience à la vue des spectacles divers de la nature, de l'histoire, de la société, jugements métaphysiques et moraux issus de cette vibration affective et morale, le surnaturel subsiste, il éclate dans l'idée directrice qui se développe et se manifeste par la réalisation progressive d'un idéal que la simple psychologie, la simple sociologie n'expliquent pas, dans la convergence de tous les faits naturels vers une fin surnaturelle, dans la cause finale qui détermine cette convergence, autrement inexplicable.

En définitive, on le remarquera, l'induction par laquelle, se fondant sur la diversité et l'unité des expériences religieuses et notamment des révélations et inspirations prophétiques à travers l'histoire, le chrétien conclut au Dieu de la grâce et du miracle, est toute pareille à l'induction par laquelle le philosophe, se fondant sur l'harmonie qui se manifeste dans le monde l'ordre et la beauté qu'on y observe, déclare que l'univers accuse dans toutes ses parties une finalité qui dénote un art merveilleux au service d'une intention bienveillante et infère une Intelligence, une Bonté, une Sagesse souveraine, créatrice et organisatrice des choses (1) — ou

(1) Je n'ignore pas les critiques qui ont été adressées par Kant et depuis Kant à l'argument téléologique en faveur de l'existence de Dieu. Mais je ferai observer : 1° que de tous les arguments, c'est, comme l'a reconnu Kant, le plus efficace, le plus générateur de certitude. Pascal lui-même qui a contesté son efficacité sur les « impies », a reconnu son efficacité sur les « fidèles ». Or il s'agit ici pour nous, avant tout, de décrire l'état d'âme du « fidèle », éclairé, large et ouvert, sans doute, mais enfin du fidèle ; 2° que cet argument, comme les autres preuves de l'existence de Dieu, peut être critiqué dans la façon habituelle dont il est compris et présenté, mais qu'il traduit une intuition juste et profonde et ne demande qu'à être transposé et complété et revivifié au contact de l'expérience religieuse concrète et pratique. M. Le Roy a fort bien dit : « Les arguments fondamentaux (en faveur de l'exis-

encore l'induction chrétienne est toute pareille à celle par laquelle le philosophe, se fondant sur la diversité et l'unité des lois du monde et de l'homme, conclut à un esprit créateur (1). La base de l'induction diffère : il s'agit dans un cas des données universelles de la nature physique et humaine ; il s'agit dans le second cas des données particulières de l'histoire. Mais l'induction est du même genre. Et il nous paraît que l'étude attentive du prophétisme, la comparaison du prophétisme hébraïque avec les prophétismes plus ou moins analogues que l'on peut rencontrer en dehors de l'hébraïsme, la comparaison de Jésus avec les autres fondateurs ou chefs de religions, est destinée à donner une clarté et une force croissante à l'*induction* qui établit l'action surnaturelle d'un Dieu libre et personnel.

Tel est le langage que peuvent tenir et que

tence de Dieu), toujours les mêmes au fond, doivent être successivement traduits et interprétés dans tous les systèmes, chaque système étant une expérience de la pensée, qui manifeste un aspect nouveau du réel. Mais en définitive, cela intéresse encore plus tel ou tel système que la foi en Dieu ». (*Comment se pose le problème de Dieu*. Revue de métaphysique et de morale. Juillet 1907, p. 491).

(1) Ceci est la forme idéaliste, donnée en particulier par Renouvier, à l'argument des causes finales et qui nous semble, quant à nous, résister victorieusement aux critiques kantiennes et post-kantiennes dirigées contre ce dernier.

tiennent sans aucun doute nombre de chrétiens. Pour lui donner toutefois son maximum de valeur et de vérité, il convient de l'élargir. On dira alors :

Envisagée d'un œil religieux, l'histoire tout entière des religions — et non pas seulement de la religion hébraïque et chrétienne — si elle ne justifie point la théorie simpliste qui veut voir dans la succession des religions une évolution régulière sans cassure ni discontinuité, une ascension uniforme vers le plus et le mieux, une marche ininterrompue au parfait, trahit cependant la présence et l'action constante d'une force surhumaine qui tend à mouvoir l'âme humaine vers un certain but, qui vise à diriger dans un sens défini l'expérience religieuse de l'humanité, qui poursuit la réalisation d'un idéal moral et religieux bien déterminé. Et lorsque, à la lumière du but divin une fois atteint dans le Christ Jésus, on jette un coup d'œil sur l'histoire des religions diverses, on s'aperçoit qu'on est armé d'un efficace critère pour discerner ce qui, dans ces expériences religieuses, provient du péché et des déformations de l'homme et ce qui provient de l'inspiration providentielle de Dieu besognant au fond de toute âme d'homme sans exception. Plus visible, plus éclatant dans Israël et en Jésus-Christ parce qu'à travers des approximations croissantes il y est de plus en plus et finalement tout à fait réalisé, le plan de Dieu se laisse deviner à cette lumière dans l'histoire religieuse de toute l'humanité, là même où les obstacles et les résistances ont ralenti, voire empêché sa réalisation ; cette histoire religieuse comporte, elle aussi, en dehors d'Israël, certains progrès, encore que trop souvent arrêtés et stérilisés ; elle présente, elle aussi, en dehors de la nation hébraïque, une certaine continuité, encore que trop souvent interrompue par la faute de l'homme ; elle manifeste elle aussi une certaine conspiration et solidarité organique d'expériences groupées en faisceau et qui se consolident mutuellement, une certaine finalité... εἰς χριστόν. Le Christ qui est la personnification de la perfection morale et religieuse et son incarnation dans l'humanité, le Christ qui nous montre dans sa fécondité et dans sa toute-puissance ce que peut être la communion avec le Père et jusqu'à quel degré d'élévation et d'amour peut se développer Dieu dans l'expérience, le Christ est l'achèvement et l'accomplissement de toutes les expériences religieuses de l'humanité, le point vers lequel consciemment ou non elles sont toutes orientées ; le Christ est l'expression suprême de l'expérience religieuse et morale non pas seulement d'un individu, non pas seulement d'une race, mais de tous les individus et de toute l'humanité.

Après l'histoire collective, l'histoire individuelle. Les grands initiateurs religieux forment comme la transition, si je puis ainsi dire, entre les grandes masses collectives d'une part et de l'autre les individualités quelconques qui se distinguent les unes des autres dans les peuples et dans l'humanité.

D'une part, en effet — et c'est par où, avec les grands initiateurs religieux, nous sommes en plein dans le domaine de la psychologie sociale —il se passe dans le domaine moral et religieux ce qui se passe dans tous les autres domaines, en particulier dans les sphères de la science et de l'art : le progrès, l'invention, la découverte, l'élan impulsif vers les nouvelles conquêtes, la création — tout cela est dû aux grandes individualités géniales, véritables héros de la pensée et de l'action, qui voient les choses face à face, dans leur originalité, dans leur pureté, et dont la vision est non seulement directe, mais intense, grosse de développements successivement déployés. Une fois ces grands initiateurs surgis, ce qui a été produit par ces individualités d'élite se transmet comme fatalement par l'imitation, la contagion, la tradition, par les voies ordinaires de communication sociale et d'influence réciproque. Ainsi la vérité descend de la conscience individuelle à la conscience de tous, elle se reproduit, se répète, s'étale dans les autres consciences.

D'autre part —et c'est par où, avec les grands initiateurs religieux, nous sommes en plein dans le domaine de la psychologie individuelle, — l'inspiration prophétique, créatrice, est en somme un autre nom de l'expérience religieuse, laquelle est un fait vraiment universel, et l'on peut dire présent à tout homme en tant qu'homme. A un moment ou à un autre, et en des degrés divers, l'inspiration se fait sentir et des révélations ont lieu en tout individu ; inspiration et révélation ne sont donc pas des phénomènes exceptionnels. Les prophètes par qui s'accomplissent les grands progrès religieux sont simplement plus que les autres des inspirés. Vivant en sympathie d'intelligence et de sentiment avec l'esprit et le sentiment général et concentrant en leur âme comme en un foyer les rayons de lumière et de chaleur qui jaillissent des âmes qui les entourent, vivant surtout dans une communion plus intime avec Dieu, obéissant avec plus de fidélité à la volonté de Dieu et préparés par plus de pureté intérieure à des visions supérieures, ils parviennent à une intuition plus compréhensive du monde moral et spirituel et de la volonté de Dieu et ils trouvent, pour exprimer la vérité morale et religieuse, des formules neuves, supérieures à celles dont l'humanité s'est servie jusqu'à eux.

A certains égards on peut dire que ce qui caractérise l'apparition de ces grands initiateurs religieux, c'est une indéniable *discontinuité*, et que cette discontinuité est elle aussi à sa façon une preuve de l'objectivité de l'expérience religieuse. Lorsqu'on envisage l'apparition de ces grandes individualités à certains intervalles, d'ailleurs assez irréguliers, et parfaitement imprévisibles, on peut soutenir assurément que l'apparition de ces grandes personnalités est préparée, amenée, provoquée, par les progrès antérieurs de l'humanité, ou du moins de la race et du milieu où ils apparaissent, et dans ce sens ils sont bien les fruits d'une évolution. Mais ce n'est là qu'une partie de la vérité. Et ce qu'il faut se hâter d'ajouter, c'est que ces puissantes individualités dépassent de si haut leur entourage immédiat, et s'expliquent si incomplètement par la race, le moment et le milieu, c'est qu'il y a, entre elles et ce qui les a précédées, une discontinuité telle que si on veut à tout prix les faire rentrer dans les cadres de l'évolution, il faut emprunter à Darwin une expression heureuse et suggestive et les désigner du nom de *variations spontanées* — à moins qu'on ne préfère employer une autre expression empruntée aux observations et théories de Bateson et de Hugo de Vries, celle de *mutations brusques*. L'homme religieux considèrera les prophètes, par exemple, les apôtres, Jésus, comme de remarquables variations spontanées, de merveilleuses mutations brusques, dans l'évolution religieuse de la race humaine. Et fort de l'impuissance où se trouve la science positive de réduire ces variations spontanées et d'éliminer l'*accident*, il les rattachera hardiment à une influence immédiate et directe du Dieu personnel sur les profondeurs obscures et subconscientes de quelques âmes d'élite ; il envisagera ces individualités originales et créatrices comme de grands inspirés auxquels Dieu a parlé successivement, lentement, et comme à voix basse, et qu'il a ainsi éclairés et fécondés non pas uniquement pour eux-mêmes, mais aussi et peut-être surtout pour le profit de ceux qui les suivraient, et qui leur seraient reliés par la tradition. C'est ainsi, dira-t-il, que Dieu employant les lois de la solidarité concurremment avec la spontanéité de l'inspiration individuelle, n'agit pas seulement sur chaque âme par une influence directe et personnelle, mais agit aussi indirectement et historiquement sur la grande masse des êtres humains par quelques personnalités directement inspirées.

Mais cette discontinuité des grandes apparitions géniales ne peut être susceptible de cette interprétation religieuse que si, tout en étant très réelle lorsqu'on compare l'initiateur religieux à ceux qui l'entourent et même aux plus religieux et aux plus développés, elle s'appuie d'autre part sur une continuité d'ensemble qu'elle trouve constituée et qu'elle vient poursuivre et pousser en avant. S'il est permis d'employer cette image spatiale, les grandes initiatives religieuses sont dans l'histoire comme des points isolés, séparés, mais qui par leur succession indiquent une direction déterminée, et la courbe qui les relie est orientée vers un but constant. Les inspirations les plus géniales se rattachent aux géniales inspirations du passé pour les prolonger et les enrichir. L'histoire de la religion hébraïque et chrétienne, si elle nous apparaît comme coupée, sillonnée, par des inspirations créatrices intermittentes, et si j'osais dire, comme pulsatiles et éjaculatoires : les prophètes, le Christ, les apôtres, les saints, les réformateurs, les missionnaires, les promoteurs de Réveils, nous montre cependant dans cette série de discontinuités comme une évolution continue régie par une loi et dirigée vers une fin : quand Dieu veut agir sur l'humanité, il choisit un peuple, Israël, pour agir sur les autres peuples ; et c'est par des individualités d'élite qu'il agit sur Israël lui-même, et le but de son action, c'est de préparer, de provoquer et finalement de faire paraître une individualité suprême : Jésus, le fondateur du « nouvel Israël de Dieu », l'Israël selon l'Esprit, l'Eglise par laquelle il transforme l'humanité dont il devient le second Adam.

Et à cette continuité générale, collective, correspond une continuité particulière, individuelle. Si l'on envisage ces grands inspirés eux-mêmes dans leur propre vie individuelle, on ne tarde pas à y découvrir un enchaînement d'autant plus serré, ferme et cohérent que l'individu dont il s'agit est un génie d'une plus vaste envergure et d'une plus profonde portée. Dans la vie du grand inspiré, l'inspiration est une disposition chronique de l'âme, une imprégnation, une modalité, une forme du sentir qui envahit progressivement toute la vie, se mêle désormais à tous les sentiments, à toutes les idées, les colore, les anime, les suscite et les dirige ; les inspirations diverses ne sont pas des impulsions irraisonnées, incohérentes, contraires les unes aux autres, des mouvements absurdes, des inspirations incoordonnées et fâcheuses, comme il s'en rencontre parmi les produits de l'imagination hypnoïde. Les inspirations tendent à s'additionner, à se cumuler, à se systématiser ; la succession devient une intégration; une idée directrice les commande et les régit, qui ne trahit pas une fantaisie capricieuse, mais bien au contraire une pensée semblable à elle-même qui se pro-

longe en se surpassant, une orientation de plus
en plus définie, une unité et une finalité frappante.

En un sens, chaque inspiration spéciale est
invention et nouveauté. La vie même avec son
perpétuel renouvellement impose un perpétuel
renouvellement de l'inspiration, une continuelle
adaptation du nouveau à l'ancien, une continuelle construction qui organise dans une synthèse nouvelle des synthèses et des éléments
déjà fixés. Mais cette discontinuité — qui est
aussi, dans son ordre, comme dans le sien la
discontinuité des grandes apparitions géniales,
une preuve de l'objectivité de l'inspiration —
est subordonnée à une continuité supérieure
grâce à laquelle le caractère divin de chacune
des inspirations particulières est comme garanti
par la divinité de l'inspiration intégrale. Chaque
moment de l'inspiration révélatrice est soutenu
par l'inspiration acquise, par l'habitude de l'inspiration ; il fait partie d'un ensemble et ne prend
son caractère et sa valeur que de cet ensemble ;
et l'ensemble lui-même repose sur un développement qui le justifie. Dans l'état d'inspiration
progressive, chaque mouvement isolé est coloré
de la nuance divine de tout l'état ; l'état lui-
même est divin, non seulement en soi-même,
mais parce qu'il est le terme de tout le processus
antérieur d'inspiration. C'est ainsi que l'inspi-

ration particulière est accompagnée et sous-
tendue par l'inspiration systématisée.

C'est en Jésus, le plus grand de tous les inspirés religieux, que se manifeste de la manière la
plus frappante cette continuité de la grande
inspiration révélatrice. Jésus a apporté dans le
monde et conservé jusqu'à la fin une conscience
pleine de Dieu et qui, bien loin de s'en sentir
jamais séparée, a eu la sensation de s'en rapprocher et de s'en remplir toujours plus. Chez
Jésus, toute résistance d'une volonté et d'une
pensée propre à la volonté et à la pensée de Dieu
est absente, et par conséquent aussi tout sentiment d'une puissance étrangère qui triomphe.
Jésus a l'impression de vouloir avec Dieu même,
donc de vouloir de la volonté la plus libre et la
plus personnelle. Il vit dans un ordre surhumain,
transcendant, céleste ; il y demeure par une
sorte d'extase régulière, tranquille, permanente,
totale ; non point seulement une extase de pensée et de sentiment, mais une véritable extase
d'existence. S'il trouve Dieu si sûrement dans
les écrits bibliques, s'il le voit si clairement dans
la nature, c'est parce qu'il l'a en lui-même et
vit intérieurement avec lui dans un perpétuel
entretien. L'expérience religieuse de Jésus gran-
dit parallèlement avec sa conscience personnelle
et se développe par les mêmes moyens. C'est
dans la possession de son moi véritable qu'il a

également la calme, rationnelle et claire inspiration, en sorte que le développement normal
de sa conscience coïncide avec le développement
normal de l'inspiration et se trouve être comme
une perpétuelle révélation progressive et simul-
tanée et de l'homme vrai et du Dieu éternel.
Comment ne pas ajouter qu'à qui étudie de près
la vie de Jésus, cette vie, dans la mesure où les
Evangiles nous permettent d'en reconstruire
le cours, est marquée entre toutes par la belle,
forte et calme fermeté de son évolution ? En réalité, quelles que puissent être les apparences, il
n'y a dans cette vie ni coup de théâtre ni brusque surprise. Loin de montrer une hâte fiévreuse,
impatiente, Jésus observe dans son action un
progrès mesuré, un plan méthodique et montre
au moins autant de prudence que de décision.
La catastrophe finale elle-même n'est point
imprévue quand elle survient. Jésus s'y est
d'avance adapté ; et il s'est aussi préparé à
attirer cette catastrophe elle-même, cette brusque rupture du plan divin, dans le sillage de ce
plan ; il s'est préparé à l'assimiler à son œuvre
messianique, à tourner cet échec en succès, à
faire sortir de la défaite le triomphe. Son existence a été courte, non incomplète. Elle a été
stérile lamentablement, et cependant infiniment
féconde. Elle a donné tous les fruits qu'elle
devait porter. Aucune vie d'homme ne laisse

moins l'impression d'une vie inachevée. Quand la mort arrive, Jésus a fini sa tâche et peut dire : « Père, j'ai achevé l'œuvre que tu m'avais donné à faire... Tout est accompli. »

Si des grands initiateurs religieux, nous descendons aux hommes religieux ordinaires, nous retrouvons en eux, moins intenses, mais tout aussi réelles et l'inspiration et la continuité de l'inspiration. Seule l'inspiration peut faire d'une vie religieuse, quelle qu'elle soit, plus que l'acceptation intellectuelle de certaines doctrines, une vie, une expérience intime. Seule l'inspiration peut vivifier et féconder la tradition, et rendre l'individu capable de se l'approprier, de se l'assimiler, de s'insérer à sa place, si humble et si modeste soit-elle, dans le grand courant de la grâce divine. Non moins que l'inspiration des voyants, des prophètes, des apôtres, des saints, hommes privilégiés à qui plus clairement qu'aux autres les réalités du monde invisible se sont dévoilées, et qui ont trouvé pour les exprimer et les révéler des formules plus compréhensives ou plus émouvantes, se montre impliquée dans le fait même de la perpétuité de la religion en ce monde l'inspiration des âmes religieuses communes, qui toutes ont l'intime et pénétrante persuasion de porter Dieu en elles et de vivre en relation directe avec lui.

Or, l'histoire de l'individu religieux atteste un plan médité et porte les marques d'un dessein qui dépasse l'intelligence et la volonté de l'individu. Le chrétien, par exemple, en rentrant en lui-même et en examinant sa vie, remarque dans ses antécédents, dans son éducation, dans le lieu qu'il habite, dans la fonction qu'il remplit, dans les êtres qu'il connaît, l'unité d'un plan providentiel ; quelquefois c'est un spectacle qui le fait réfléchir, puis c'est un déboire qui l'aguerrit, enfin c'est une bonne chance qui lui permet d'agir ; ce sont des incidents nombreux et petits qui se complètent les uns les autres ; c'est une série de circonstances intérieures et extérieures qui ne sont pas l'œuvre du hasard, car on s'aperçoit, après coup, qu'elles étaient savamment graduées. En un mot, le chrétien, en rentrant en lui-même, aperçoit dans sa propre vie, toutes proportions gardées, quelque chose d'analogue à ce qu'il a cru observer dans l'histoire de l'humanité : des directions providentielles qui convergent vers un but, des inspirations qui concordent et se complètent, des expériences chrétiennes qui se continuent, s'enchaînent, se prolongent, un plan divin qui s'exécute, des préparations, des accomplissements, des prophéties et des réalisations, bref quelque chose de cohérent, d'organique et d'harmonique qui forme un tout et qui fait ressortir à ses yeux en

pleine et victorieuse lumière la vérité formulée
ainsi par l'apôtre : « Nous savons que toutes choses concourent au bien de ceux qui aiment Dieu,
de ceux qui sont appelés selon son dessein », selon
le dessein bienveillant de son amour (Rom. 8/28).

Ainsi la vie du chrétien se charge de lui révéler
d'elle-même, par son propre déroulement l'enchaînement naturel, la compénétration des
mouvements qui la composent et aussi le caractère personnel et mystérieux de la force qui les
organise. Et nous pouvons répéter ici ce que
nous disions à propos de l'histoire collective.
L'induction par laquelle le chrétien individuel,
se fondant sur la diversité et l'unité des directions
providentielles dans sa propre histoire, conclut
à l'existence et à l'action du Dieu de la grâce et
du miracle est toute pareille à l'induction par
laquelle le philosophe, se fondant sur l'ordre et
l'arrangement de l'univers ou se fondant sur
la diversité et l'unité des lois du monde et de
l'homme, conclut à un Esprit créateur. La base
de l'induction diffère : il s'agit dans un cas des
données universelles de la nature physique et
humaine ; il s'agit dans le second cas des données
particulières individuelles. Mais l'induction est
du même genre.

Il s'agit des données particulières individuelles.
Ici, nous sommes évidemment sur un terrain
tout subjectif, tout individuel, tout intime, et

qui ne peut fournir des arguments ni même des motifs généraux. L'apologète peut bien se fonder sur des considérations morales et métaphysiques — qui appartiennent à l'ordre universel. Il peut bien même essayer de se fonder sur des considérations historiques —qui appartiennent à l'ordre... au moins collectif. Il ne peut guère se fonder sur cette convergence et cette continuité des expériences religieuses chrétiennes individuelles, parce qu'il y a là un ensemble de faits qui sont difficilement constatables ou perceptibles à d'autres qu'à l'individu lui-même. Et pourtant, ne nous hâtons pas trop de prononcer sur ce point, non seulement le chrétien peut bien trouver pour lui-même dans ses expériences une solide base de certitude, non seulement il peut bien invoquer auprès d'autrui ses expériences personnelles à titre de témoignage, mais il peut, et les progrès de la psychologie religieuse le lui permettront de plus en plus, il peut mettre en relief à ses propres yeux et essayer de faire ressortir à tous les yeux la convergence et la continuité des expériences chrétiennes dans un nombre croissant d'individus. Nous retrouvons ici la valeur cumulative dont nous parlions il y a un instant. (1)

(1) Dans le même ordre d'idées, j'ajouterai volontiers une remarque qui m'a été inspirée par tout l'ensemble des études

Ainsi le plan divin, le vaste plan d'ensemble qui apparaît dans l'histoire du prophétisme hébreu, dans la carrière de Jésus et la fondation de l'Eglise chrétienne se répercute dans une multiplicité de plan détaillés, particuliers, individuels, tous orientés dans le même sens que le plan d'ensemble, tous subordonnés à ce plan total. Le chrétien qui a une fois entrevu et compris cette admirable harmonie des plans divins, peut-il faire autre chose que de se prosterner, d'adorer et de répéter avec le frémissement enthousiaste de St Paul : « O profondeur de la richesse,

de psychologie qu'il m'a été donné de poursuivre jusqu'à présent, comme par la lecture du livre de W. James : cette lecture et ces études m'ont fait toucher du doigt et voir comme à l'œil la grande variété, l'extrême diversité des conversions religieuses individuelles — celles-là même qu'on croit pareilles se différencient dès qu'on les regarde de près — jointe à l'unité profonde de la vie chrétienne normale à laquelle ces conversions si diverses conduisent et introduisent. Il y a dans cette unité poursuivie et atteinte malgré et dans la très grande diversité des débuts des conversions, un argument qui, aux yeux du chrétien, motive puissamment en faveur de cette conclusion : c'est qu'une influence extérieure et supérieure est à l'œuvre, qui prend l'individu là où il est, tenant compte de son tempérament, de sa nature, de son milieu, de ses capacités — voilà qui explique la diversité des conversions — et qui oriente chaque individu vers un même et identique but : la perfection en Christ. « C'est Christ que nous annonçons, s'écrie St Paul, exhortant tout homme (c'est-à-dire tout individu) et instruisant tout homme en toute sagesse afin de faire paraître devant Dieu tout homme devenu parfait en Christ ». (Coloss. I-28).

de la sagesse et de la science de Dieu!...C'est de lui, par lui et pour lui que sont toutes choses. A lui la gloire dans tous les siècles. » (Rom. 11/33-36).

Il faut aller encore ici plus loin. Ce n'est pas seulement à l'Israélite pieux de jadis, ou au chrétien fervent d'aujourd'hui qu'il convient de reconnaître le devoir et le droit de constater dans leur propre expérience spirituelle cette divine connexion des événements, cette suite, ce dynamisme de convergence et d'orientation. Pour tout homme, quel qu'il soit, l'action même qui constitue fondamentalement sa vie est en fait comme informée surnaturellement par Dieu. Tout homme, rentrant en soi, au plus intime de sa vie intérieure, peut y découvrir, s'il l'y cherche bien, une influence supérieure qui le sollicite à s'élever jusqu'à elle et à s'harmoniser avec elle, un élément directeur, qui l'oriente vers le parfait, un principe de croissance immanent à sa vie, qui n'est autre en réalité que l'Esprit divin. Avec une clarté que les discours peut-être ne savent pas traduire ou même qu'ils essaient parfois de démentir, mais que le retour sur soi-même perçoit, une expérience intime que nulle âme n'ignore, lui enseigne que son âme est travaillée, mue efficacement, bien que la résistance lui reste possible, à dépasser toute œuvre accomplie, à rectifier toute œuvre divergente, qu'un Dieu intérieur la dilate et la purifie pour peu qu'elle ne mette pas obstacle à son action mystérieuse ; que ce travail inspirateur et directeur devient de plus en plus clair, suggestif et pressant à mesure que par la sincérité, la bonne volonté, l'obéissance, l'homme correspond davantage aux avances de Dieu, s'ouvre à elles, s'oriente dans le sein de la perfection croissante, fait don de soi à l'idéal moteur qui le sollicite et l'entraîne. Oui, tout homme, en tout pays, en toute nation, est en somme inséré dans le grand mouvement de purification, de régénération et de progrès qui cherche à élever l'humanité jusqu'à Christ, et l'on peut appliquer à Dieu dans ses rapports avec tout homme quel qu'il soit ce que Paul disait de ses propres rapports avec les âmes converties par son héroïque apostolat : « Mes petits enfants, pour lesquels je souffre de nouveau les douleurs de l'enfantement jusqu'à ce que Christ soit formé en vous » (Gal. IV, 19). De même que dans toute l'humanité Dieu a poursuivi le but qu'il n'a pu atteindre qu'en Israël et en Israël le but qu'il n'a pu atteindre qu'en Jésus-Christ, de même dans tout individu Dieu poursuit le but qu'il ne réussit à atteindre pleinement que dans les chrétiens : former dans l'âme individuelle Jésus-Christ, y faire naître le Christ et faire progresser jusqu'à la parfaite maturité, jusqu'à la pleine stature ce Christ intérieur.

Il faut se garder de croire que l'expérience religieuse soit le monopole de je ne sais quelle élite, et que, comme certains non-chrétiens se l'imaginent parfois, l'expérience religieuse avec tout ce qu'elle implique ou appuie doive rester quelque chose de nul et non avenu pour ceux qui ne font pas partie du petit groupe étrange composé de quelques rares individus, faut-il dire privilégiés ou détraqués ?... Il n'en est pas ainsi. L'expérience religieuse est universelle, encore que son extension et son intensité et même son contenu soient loin d'être toujours identiques. Et par suite la certitude tirée de l'expérience religieuse est en somme plus ou moins valable pour tous, accessible à tous en quelque mesure, sinon dans sa pleine force et dans sa légitime portée.

Il est clair que cette certitude peut être très faible et même nulle là où l'expérience religieuse elle-même est faible, chez ceux qui résistent à l'appel intérieur, qui se détournent, qui refusent, qui s'efforcent d'aller dans la direction contraire, chez ceux qui réussissent à éviter le contact que Dieu est sans cesse occupé à rétablir entre eux et lui. S'il en est qui ne savent pas toujours penser leurs expériences et apercevoir ce qu'elles impliquent, qui ne savent pas toujours pleinement discerner ce qu'ils affirment néanmoins par leur vie, s'il en est qui sont athées de discours ou de pensée tout en étant, par la conscience et par le cœur, des croyants, il en est aussi qui ont pu en venir à ne plus posséder presque aucune trace d'expérience religieuse réelle, quoique la possibilité et la virtualité de l'expérience religieuse soient inaliénables en tout homme, puisque Dieu n'abandonne jamais une âme et la poursuit toujours de son influence d'amour. Ceux en qui s'est produit cet amoindrissement de l'expérience religieuse réelle, lequel peut du reste aller jusqu'à une sorte d'extinction presque totale, ceux-là, ne possédant presque plus d'expérience religieuse en acte, peuvent avoir de la peine à comprendre la certitude que les hommes actuellement religieux possèdent dans leur authentique expérience. Mais auprès d'eux l'homme religieux n'a pas à s'épuiser en démonstrations ; sa mission n'est pas de les faire entrer du dehors dans une expérience dont ils seraient totalement destitués. Nul ne saurait être contraint par la seule force de la logique à croire en l'expérience religieuse ; car nul ne peut se voir imposer brutalement de l'extérieur la perception d'une donnée interne sur laquelle il ferme les yeux. La tâche véritable de l'homme religieux est bien différente : montrer à l'âme qui s'ignore le germe d'expérience religieuse qui déjà vit en elle par le fait même qu'elle est une·âme d'homme et que Dieu agit sur toute âme, lui faire prendre conscience explicite de son état effectif intégral en face du Dieu saint et bon dont il ne suffit pas de nier l'existence pour supprimer l'action, puis l'orienter dans le sens de l'expérience croissante, lui apprendre à instituer la pleine et entière expérience qui seule est décisive, lui présenter la nourriture nécessaire au développement des germes de vie religieuse que renferme son être intime.

CONCLUSION

Parvenu à la fin de ma tâche, je crois pouvoir me rendre le témoignage d'avoir étudié les divers problèmes relatifs à l'expérience religieuse non point avec des visées directement apologétiques, non point avec l'intention de prouver par a+b la valeur de l'expérience religieuse qui est la mienne, que je possède ou cherche à posséder, mais simplement avec un dessein... de *psychologue* au fond. En réfléchissant à la question si nettement posée par M. Boutroux (1) il m'a paru qu'après tout, si la psychologie était insuffisante, comme il le dit fort bien, pour résoudre complètement le problème, elle avait peut-être quelque chose de plus à dire qu'il ne le donne à entendre. C'est continuer de faire œuvre de psychologue (2) en définitive que de se demander : pourquoi un chrétien qui n'ignore

(1) Voir plus haut, p. 6

(2) Cf. ces paroles de M. Delacroix : « L'affirmation par les mystiques de la transcendance de leurs états ne fait que poser un nouveau problème psychologique au psychologue : d'où vient chez les mystiques la croyance à cette transcendance ? » (*Bulletin de la Soc. française de philosophie.* Janvier 1906. p. 41).

pas l'histoire, qui connaît les diverses expériences religieuses de l'humanité et qui se rend compte que sa propre expérience religieuse personnelle n'est qu'une expérience religieuse entre beaucoup d'autres non seulement semblables, mais différentes et parfois — à première vue en tout cas — contradictoires, pourquoi un chrétien qui n'ignore pas la psychologie, qui connaît et qui accepte la distinction entre le fait et l'interprétation du fait, entre l'expérience et le rattachement de l'expérience à des facteurs transcendants, qui connaît les variétés des inspirations poétiques et somnambuliques et se rend compte de l'identité du mécanisme psychologique de ces inspirations avec celui des inspirations religieuses, pourquoi un tel chrétien continue-t-il malgré cela de croire à la valeur de son expérience chrétienne ? En continuant d'y croire, le chrétien a-t-il raison ou tort ? C'est une question qu'il faut laisser aux lecteurs le soin de poser et de résoudre chacun pour lui-même. Mais quel que soit le jugement auquel on s'arrête sur ce point, il ne peut être dépourvu d'intérêt pour personne de savoir ce qu'un chrétien au courant de l'histoire et de la psychologie religieuses se dit à lui-même pour se justifier à ses propres yeux son expérience. Et pour traiter cette question — qui est encore une question de psychologie — il n'est point inutile, je pense, de considérer l'expérience chrétienne non point par le dehors comme pourrait le faire un étranger, mais par le dedans : celui-là seul connaît vraiment une expérience qui l'a faite. Je me suis donc en somme borné à m'analyser en quelque sorte et à analyser la mentalité des chrétiens psychologiquement et historiquement informés qui croient et continuent de croire à la valeur de leurs expériences et à l'objectivité de ses facteurs transcendants. Ceux qui ont fait les expériences religieuses peuvent contrôler l'exactitude de mes remarques. Quel crédit les autres accorderont-ils aux raisons que le chrétien se donne à lui-même pour se justifier sa foi ? C'est à chacun de le décider pour son propre compte.

Si rien n'a été plus éloigné de ma pensée que le dessein de prouver par raisons démonstratives la valeur et l'objectivité de l'expérience religieuse, c'est qu'aussi bien l'expérience religieuse — et avec elle son interprétation religieuse — se propagent non par la démonstration, mais par le témoignage (1), qui, seul, peut véhiculer pour d'autres et semer en leurs âmes des germes d'action féconde et révélatrice. Le rôle des chrétiens se borne à rendre de leur expé-

---

(1) Cf. notre brochure sur *Le Témoignage*. (Extrait de la Revue chrétienne). Montauban, 7, faubourg du Moustier.

rience un témoignage assez vivant et assez vibrant pour que l'expérience se communique aux hommes qui l'entendront. Ils doivent se rappeler d'ailleurs que Dieu besogne au fond de toute âme d'homme sans exception, en sorte qu'ils n'ont rien à faire qu'à être les hérauts de la vivante initiative de Dieu dans l'âme, et que leur effort doit se réduire à réveiller leurs frères à cette vie spirituelle que Dieu, l'infatigable ouvrier, ne se lasse pas de proposer à toute âme. Rendre leurs consciences réceptives de l'action divine dont ils sont les objets, et disposer leurs esprits inintelligents et distraits à comprendre les appels de la grâce : telle est essentiellement la tâche qui leur incombe. Ils ne doivent rien de moins, mais ils ne peuvent rien de plus.

Dans cet esprit, je me risquerai à faire un aveu : les progrès accomplis et poursuivis dans cet ordre d'études relativement nouveau, la psychologie religieuse, me paraissent propres à favoriser grandement la diffusion de l'expérience religieuse. Car l'expérience religieuse est par elle-même non seulement dynamogénique, mais contagieuse.

Dans une sorte d'autobiographie psychologique, un « écrivain sur l'art » bien connu, Mᵐᵉ Vernon Lee, racontait naguère qu'étant enfant et jeune fille, elle goûtait vivement les beautés de la musique, du paysage, mais ne comprenait

et ne sentait que très peu les beautés du dessin
et de la peinture :

« J'étais cependant destinée, continue-t-elle, à jouir
de l'art visuel d'une façon beaucoup plus directe et
plus intime... L'affaire se passa d'une façon bien inat-
tendue, et qui semblera paradoxale à ceux qui n'ont
pas traversé quelque *expérience* du même genre. A côté
de mes travaux littéraires, il s'était toujours manifesté
en moi une tendance à faire de l'art le sujet de discussions purement philosophiques et d'hypothèses, et, ce
qui est plus, d'observations scientifiques... En sorte que
lorsque le hasard me jeta dans l'intimité de gens occu-
pés d'archéologie et de cette étude méthodique de la
peinture à laquelle Morelli a donné son nom, il me fut
tout naturel de m'intéresser à ce genre de travail...
L'esthétique devint ainsi (pour moi) non pas un
exercice de l'imagination et du sentiment, un prétexte
à phrases, mais une étude historique et surtout psychologique. Je cherchais à démêler les origines de l'art, son
influence, les vicissitudes des écoles, l'évaluation de la
forme ; et pour cela je me rapprochais de l'œuvre
d'art dans une attitude absolument objective: en d'autres
mots, je *regardais* de toute mon attention. Eh bien ?
cet intérêt purement scientifique, que beaucoup de mes
amis me reprochèrent comme une sorte d'apostasie et
d'injure au sentiment, détermina l'éclosion complète
de ce que j'appellerai ma *vie esthétique*. Le désir de
comprendre, la nécessité d'examiner et de comparer,
me mit en contact direct et constant avec l'œuvre d'art.
Obligée d'en subir la réalité comme nous subissons celle
de la ville que nous habitons, des figures qui nous entourent et des meubles, des instruments dont nous nous
servons constamment, je commençais à ressentir envers
les tableaux et les statues cette même attraction spon-

tanée et organique, ou bien cet ennui, ce malaise, cette
répulsion qui m'étaient naturels dans mes rapports
spontanés et presque inconscients avec les choses visibles de mon entourage... Pour la première fois dans ma
vie... je donnais aux tableaux, aux statues, à l'archi-
tecture, mon attention tout entière, au lieu de me
laisser distraire par des suggestions poétiques ou de
divaguer, de plein propos, dans des amplifications littéraires. Bref, l'étude scientifique du phénomène artistique a tué en moi le dilettante et le rhétoricien... pour
y substituer le naïf... La beauté et la laideur visuelles
sont ainsi devenues pour moi des réalités... J'ai vécu
dans une intimité très sérieuse avec l'art : est-il éton-
nant que cette intimité m'ait appris la véritable affec-
tion et d'autre part le froissement, le dégoût que tout
contact apporte, selon les cas, à l'âme qui le subit ?
Me voilà donc vivant en rapport très réel avec l'œuvre
d'art... » (1)

(1) *Revue philosophique*. Sept. 1903, p. 236-237. — Cf. les
termes dans lesquels M. G. de Lescluze expose l'utilité que présente sa théorie du coloris : « Le caractère distinctif de notre
théorie, c'est de ramener à des lois générales la pratique des
grands maîtres, de favoriser leur observation et de continuer
leur école, sans tomber dans l'écueil de l'imitation. A défaut
de génie, nous avons besoin de science, non pas tant pour la
science elle-même que pour l'esprit d'observation qu'elle forme
et qu'elle excite. A défaut de voir, nous avons besoin de savoir.
Et comme savoir nous aide à voir, nous finissons par arriver à
voir... Nos sensations sont sous l'empire de l'attention ; beaucoup de sensations nous échappent et sont pour nous comme si
elles n'existaient pas. Or voici l'avantage de cette théorie : elle
éveille l'attention à des faits qui nous échapperaient complètement sans elle. Elle exerce et sollicite nos sensations. Elle
donne corps à nos observations, en permettant de les catalo-
guer et de les condenser... ». (Les secrets du coloris. Guide prati-

Voilà comment le contact prolongé avec les productions artistiques a peu à peu éveillé, développé, fait éclore en Mme Vernon Lee ce qu'elle appelle fort bien la *vie esthétique*, ce que nous pourrions appeler l'*expérience esthétique*. Telle a été la *conversion esthétique* de Mme Vernon Lee.

Il y a là de véritables lois psychologiques :

Pour étudier, pour comprendre un état d'âme, quel qu'il soit, il faut le ressusciter en soi-même. Tant qu'on l'étudie du dehors, on ne le comprend pas véritablement. Nous ne pouvons pas plus nous représenter un sentiment qui nous serait tout à fait étranger, qu'imaginer un être dont notre expérience ne nous fournirait pas au moins quelque élément. Et comment étudier ce que l'on ne peut en aucune manière se représenter ou imaginer ? Si on parle à quelqu'un de sentiments ou d'idées qu'il n'a en aucune façon et à aucun degré, ce qu'on dit est pour lui lettre morte, ou bien il l'interprète à sa manière en le dénaturant. Les paroles n'ont de sens que si elles éveillent des pensées qui dorment en excitant des énergies latentes. Mais inversement et par suite quand on étudie avec persévérance et sincérité un état d'âme, si on réussit dans cette

que d'observations expérimentales sur les harmonies coloriées. Bruges, Librairie Demolin-Claeys, p. 36 et suiv.).

étude, on finit, après un travail plus ou moins prolongé d'incubation et d'intussusception par le réengendrer en soi. Un état d'âme maintenu dans ou simplement devant la conscience par la volonté, tend à envahir l'âme et il y réussit plus ou moins, mais toujours, semble-t-il, à quelque degré. Ainsi, il y a des relations réciproques entre la science et la pratique. Mon état d'âme influe sur ma connaissance scientifique : il la permet ou il l'empêche. Et ma science influe sur mon état d'âme : elle le modifie et me fait autre que je n'étais auparavant.

Ces lois de psychologie générale trouvent leur application dans le domaine de la psychologie religieuse. Un savant areligieux ou irreligieux ne saurait prétendre à l'observation pénétrante de la vie intérieure. Il devrait au moins avoir l'intelligence de comprendre l'invraisemblance qu'il y a à vouloir penser sur la vie intérieure en restant placé en dehors d'elle. Ceux qui étudient la vie la plus intérieure qu'il y ait au monde et qui ne fondent pas leur travail sur la connaissance expérimentale personnelle de cette vie, ne font qu'une œuvre artificielle, vaine et décevante. Ils peuvent éditer des manuscrits, traduire des hymnes, publier et annoter des textes, mais leurs travaux demeurent semblables à un cadre sans contenu, à un cadre vide. Par la seule connaissance expérimentale personnelle, la vie religieuse prend un sens vivant aux yeux de celui qui l'étudie ; par là seulement elle est revivifiée, convertie en sa chair et en son sang, et par là seulement l'étude peut aboutir. C'est seulement à la condition de reconstruire en soi l'expérience chrétienne, c'est-à-dire par conséquent de changer, c'est-à-dire au fond de *se convertir*, qu'on pourra étudier scientifiquement, objectivement l'expérience.

Inversement pourquoi serait-il interdit d'espérer que l'étude prolongée des productions et expériences religieuses pourra aussi réveiller en plusieurs une vie spirituelle dont on peut dire, en employant les expressions de Jésus, qu' « elle n'est pas morte, mais qu'elle dort» ? — car il n'y a point d'être humain qui ne porte en soi un rudiment ou tout au moins une virtualité d'expérience religieuse authentique. Pourquoi serait-il interdit d'espérer que l'étude prolongée des productions religieuses, chrétiennes, pourra attirer l'attention de plusieurs sur les mouvements religieux de leur âme qui leur échappent d'ordinaire, affaiblis et cachés qu'ils sont, et sont pour eux comme s'ils n'existaient pas, et qu'en attirant l'attention sur ces mouvements, elle pourra les amplifier, les étendre, les préciser, les élargir et les approfondir ? — car si on ne prouve pas la lumière, on peut la développer, la rendre sensible au regard d'au-

trui. Certes, il ne suffit pas de s'écrier : « je vois »,
parce que les autres voient à leur tour. Mais si
l'on décrit ce que l'on voit, on vient au secours
des myopes et on rend distinct, à leurs yeux, ce
que ces yeux, d'eux-mêmes, n'auraient jamais
aperçu. Pourquoi serait-il interdit d'espérer
que l'étude prolongée des productions religieuses,
chrétiennes, pourra susciter en plusieurs, par
une sorte de contagion — la contagion de la vie
— des expériences analogues à celles qu'ils s'arrê-
teront à contempler ? Quand on est en présence
de la vie, on en ressent la contagion, et l'on n'a
qu'un désir : celui de participer le plus intimement,
le plus pleinement possible à cet agrandissement,
à cet ennoblissement de nous-mêmes. Pourquoi
serait-il interdit d'espérer que la valeur morale
et les bienfaits psychologiques, individuels et
sociaux, de la piété, spécialement sous la forme
chrétienne, finiront par éveiller dans le cœur
de ceux qui les analyseront de la façon la plus
objective, un désir secret et croissant de reproduire en soi cette piété et de posséder aussi cette
paix, cette joie, cette force, cette espérance,
cette lumière ? M. Paulhan a dit quelque part :
« A se croire bon, on risque de le devenir. » Par
un semblable tour de pensée on peut dire : « A
étudier scientifiquement, objectivement l'expérience religieuse, on risque de la reproduire en
soi. » Et si une fois l'expérience chrétienne est

provoquée en quelqu'un, il y a — tous les chrétiens le savent par expérience, — un lien si étroit entre cette expérience religieuse et son interprétation objective, que, possédant l'expérience, il possédera aussi du même coup, *et par le dedans*, l'inclination la plus forte à la croyance qui résulte pour l'esprit de cette expérience et les raisons les plus convaincantes de rattacher cette expérience aux êtres suprêmes et divins qui en sont les auteurs.

TABLE DES CHAPITRES

P. SAINTYVES

Les Saints successeurs des Dieux

Essais de Mythologie chrétienne

1 beau vol. in-8 de 416 pages, franco. . . . . . **6 fr.**

Revue Universitaire, 15 décembre 1907, p. 419 :

Cette étude est divisée en trois parties : I. L'origine du culte des saints. II. Les sources des légendes hagiographiques. III. La mythologie des noms propres. Elle mérite sans doute d'être discutée par les spécialistes de l'histoire religieuse et de la mythologie. Mais la netteté de l'exposition, la multitude des exemples allégués, en font un excellent ouvrage de vulgarisation pour les profanes comme moi, qui sont curieux tout à la fois de voir un peu clair dans la floraison prodigieuse de la légende chrétienne et de savoir ce qu'un catholique libéral est disposé à en croire. C'est une lecture tout à fait amusante et dont la conséquence va loin au-delà même de ce que promet le titre.

G. LANSON, *professeur à la Sorbonne.*

Revue Historique :

Dans ce volume, M. Saintyves étudie les saints engendrés par des mots ; il le fait avec prudence et méthode. Il serait à désirer que les érudits locaux lussent un livre si propre à les guider dans la critique des légendes et à leur inspirer de fécondes monographies. Tel qu'il est (ce premier volume), nécessairement provisoire et incomplet, marque avec une force singulière cette vérité que les hommes n'ont pas modifié leurs procédés d'esprit en passant du paganisme au christianisme, que la *sainteté* chrétienne prolonge la *sagesse* païenne.

Ch. GUIGNEBERT, *chargé du cours d'histoire du christianisme à la Sorbonne.*

Revue du Clergé Français, 1ᵉʳ septembre 7907. p. 501 :

Je n'ai pas besoin de dire qu'aucun catholique ne peut accepter la thèse de l'auteur. Cette réserve faite, on doit reconnaître que le livre de M. Saintyves témoigne d'une rare érudition et qu'il a une réelle valeur scientifique. On y trouve réunis une multitude de faits et de rapprochements que l'on chercherait vainement ailleurs; du reste, les références abondantes qu'il fournit le rangent dans la catégorie des instruments de travail.

Abbé J. TURMEL.

Revue de Synthèse historique, juin 1907 :

M. Saintyves traite les questions qu'il aborde avec une prodigieuse richesse de citations et d'exemples : ses références toujours précises, montrent combien il est au courant de la science des religions. Pourvu d'un réel talent d'exposition, il permet au lecteur de le suivre sans fatigue à travers de multiples détails. Libre de tout parti-pris confessionnel, préoccupé uniquement de la vérité scientifique, son indépendance ne l'empêche pas de parler des phénomènes religieux avec une gravité respectueuse, comme le prouvent ces quelques lignes : « Le culte des héros, et plus encore le culte des saints, sont encore infiniment supérieurs à toutes les formes du naturalisme primitif. Protestation reconnaissante de ce que nous devons aux générations passées, ils témoignent d'une intuition profonde de ce qu'il y a de religieux dans le sentiment de l'humaine solidarité. »

Georges WEILL, *professeur d'histoire à l'Université de Caen.*

Courrier Européen, 3 mai 1907 :

Ce livre est une synthèse érudite édifiée dans le silence d'une tour de livres, mais ce n'en est pas moins un arsenal de faits et d'arguments contre le paganisme catholique. Parfois cependant le sujet l'emporte ; il y a telles pages sur les fausses reliques qui sont d'une ironie savoureuse et telles autres sur la politique d'un Grégoire le grand, qui sont des modèles de sérénité implacable. Tous les éléments hétéroclites des légendes des saints, fruits de l'ignorance ou de l'impudence des clercs sont disséqués avec un soin d'anatomiste.

Revue de l'Instruction publique en Belgique, 1907, p. 210 :

Le nouveau volume que vient de publier M. P. Saintyves peut être considéré comme un développement, très documenté et très bien informé, du chapitre consacré au « travail de la légende » dans le savant livre du P. Delehaye. *Les légendes hagiographiques*, signalé naguère à nos lecteurs Les notes abondantes et précises, où les travaux des Bollandistes ont une large place, donnent à peu près toute la biographie de ce vaste sujet et suffiraient à assurer le succès du livre, même si l'auteur n'avait réussi, par le talent de la mise en œuvre, à en rendre la lecture aussi attrayante qu'instructive.

GRANDE IMPRIMERIE DU CENTRAL. — HERBIN, MONTLUÇON